Nadja

André Breton

1962

Avant-dire

(Dépêche Retardée)

Si déjà, au cours de ce livre, l'acte d'écrire, plus encore de publier toute espèce de livre est mis au rang des vanités, que penser de la complaisance de son auteur á vouloir, tant d'années après, l'améliorer un tant soit peu dans sa forme ! IL convient toutefois de faire la part, en bien ou mal venu dans celui-ci, de ce qui se réfère au clavier affectif et s'en remet tout á lui -c'est, bien entendu, l'essentiel- et de ce qui est relation au jour le jour, aussi impersonnelle que possible, de menus événements s'étant articulés les uns aux autres d'une manière déterminée (feuille de char- mille de Lequier[1] *, á toi toujours !). Si la tentative de retoucher á distance l'expression d'un état émotionnel, faute de pouvoir au présent la revivre, se solde inévitablement par la dissonance et l'échec (on le vit assez avec Valéry, quand un dévorant souci de rigueur le porta á réviser ses «vers anciens[2]»), il n'est peut-être pas interdit de vouloir obtenir un peu plus d'adéquation dans les termes et de fluidité par ailleurs.

IL peut tout spécialement en aller ainsi de Nadja, en raison d'un des deux principaux impératifs «antilittéraires» auxquels cet ouvrage obéit: de même que l'ahondante illustration photographique a pour objet d'éliminer toute description -celle-ci frappée d'inanité dans le Manifesté du surréalisme-, le ton adopté pour le récit se calque sur celui de l'observation médicale, entre toutes neuropsychiatrique, qui tend á garder trace de tout ce qu'examen et interrogatoire peuvent livrer, sans s'embarrasser en le rapportant du moindre apprêt quant au style. On observera, chemin faisant, que cette résolution, qui veille á n'altérer en rien le document «pris sur le vif», non

---

* Les notes appelées par des chiffres ont été établies par Michel Meyer et figurent p. 163-171.
[1] Lequier: ce philosophe (1814-1862) raconte que sa réflexion est née d'un incident survenu pendant son enfance. Un geste de sa main sur une feuille de charmille fit s'envoler un oiseau qu'un épervier tua. Il se mit des lors á réfléchir sur la liberté humaine ainsi que sur les effets et les causes.
[2] Vers anciens: Valéry publie Album de vers anciens á la fin de 1920. Ce recueil comporte notamment « Le cimetière marin ».

moins qu'á la personne de Nadja s'applique ici á de tierces personnes comme á moi-même. Le dénuement volontaire d'un tel écrit a sans doute contribué au renouvellement de son audience en reculant son point de fuite au-delà des limites ordinaires.

Subjectivité et objectivité se livrent, au cours d'une vie humaine, une série d'assauts, desquels le plus souvent assez vite la première sort très mal en point. Au bout de trente-cinq ans (c'est sérieux, la patine), les légers soins dont je me résous á entourer la seconde ne témoignent que de quelque égard au mieux dire, dont elle est seule á faire cas, le plus grand bien de l'autre -qui continué á m'importer davantage- résidant dans la lettre d'amour criblée de fautes et dans les «livres érotiques sans orthographe [3]».

Noel 1962

Qui suis-je ? Si par exception je m'en rapportais á un adage[4]: en effet pourquoi tout ne reviendrait-il pas á savoir qui je « hante » ? Je dois avouer que ce dernier mot m'égare, tendant á établir entre certains êtres et moi des rapports plus singuliers, moins évitables, plus troublants que je ne pensais. IL dit beaucoup plus qu'il ne veut dire, il me fait jouer de mon vivant le rôle d'un fantôme[5], évidemment il fait allusion á ce qu'il a fallu que je cessasse d'être[6], pour être qui je suis. Pris d'une manière á peine abusive dans cette acception, il me donne á entendre que ce que je tiens pour les manifestations objectives de mon existence, manifestations plus ou moins délibérées, n'est que ce qui passe, dans les limites de cette vie, d'une activité dont le champ véritable m'est tout á fait inconnu. La représentation que j'ai du « fantôme » avec ce qu'il offre de conventionnel aussi bien dans son aspect que dans son aveugle soumission á certaines contingences d'heure et de lieu[7], vaut avant tout, pour moi, comme image finie d'un tourment qui peut être éternel. IL se peut que ma vie ne soit qu'une image de ce genre, et que je sois condamné á revenir sur mes pas tout en croyant que j'explore, á essayer de connaître ce que je devrais fort bien reconnaître, á apprendre une faible partie de ce que j'ai oublié. Cette vue sur moi-même ne me paraît fausse qu'autant qu'elle me présuppose á moi-même, qu'elle situé arbitrairement sur un plan d'antériorité une figure achevée de ma pensée[8] qui n'a aucune raison de composer avec le temps, qu'elle implique dans ce même temps une idée de perte

---

[4] Adage : les surréalistes aiment á joué avec les proverbes. Ici, il est fait allusion á la phrase : « Dis-moi qui tu hantes, je te dirai qui tu es. » Le verbe « hanter » signifie ici « fréquenter assidûment ».

[5] Fantôme : Breton prend le verbe « hanter » au sens courant actuel. S'il « hante » quelqu'un, c'est donne qu'il est un fantôme.

[6] Que je cessasse d'être: le fantôme a, par définition, vécu une existence antérieure désormais terminée.

[7] Certaines contingences d'heure et de lieu: il s'agit des apparitions, régulières et localisées, du fantôme.

[8] Une figure achevée de ma pensée: la métaphore du fantôme a ses limites et Breton refuse de définir son identité une fois pour toutes.

irréparable, de pénitence ou de chute[9] dont le manque de fondement moral ne saurait, á mon sens, souffrir aucune discussion. L'important est que les aptitudes particulières que je me découvre lentement ici-bas ne me distraient en rien de la recherche d'une aptitude générale, qui me serait propre et ne m'est pas donnée. Par-delà toutes sortes de goûts que je me connais, d'affinités que je me sens, d'attirances que je subis, d'événements qui m'arrivent et n'arrivent qu'á moi, par-delà quantité de mouvements que je me vois faire, d'émotions que je suis seul á éprouver, je m'efforce, par rapport aux autres hommes, de savoir en quoi consiste, sinon á quoi tient, ma différenciation. N'est-ce pas dans la mesure exacte où je prendrai conscience de cette différenciation que je me révélerai ce qu'entre tous les autres je suis venu faire en ce monde et de quel message unique je suis porteur pour ne pouvoir répondre de son sort que sur ma tête ?

C'est á partir de telles réflexions que je trouve souhaitable que la critique, renonçant, il est vrai, á ses plus chères prérogatives, mais se proposant, á tout prendre, un but moins vain que celui de la mise au point toute mécanique des idées, se borne á de savantes incursions dans le domaine qu'elle se croit le plus interdit et qui est, en dehors de l'œuvre, celui où la personne de l'auteur, en proie aux menus faits de la vie courante, s'exprime en toute indépendance, d'une manière souvent si distinctive. Le souvenir de cette anecdote : Hugo, vers la fin de sa vie, refaisant avec Juliette Drouet[10] pour la millième fois la même promenade et n'interrompant sa méditation silencieuse qu'au passage de leur voiture devant une propriété á laquelle donnaient accès deux portes, une grande, une petite, pour désigner á Juliette la grande : « Porte cavalière, madame » et l'en-

---

[9] De pénitence ou de chute: autre limite de la métaphore. Breton, en militant de l'athéisme, ne saurait reprendre á son compte l'idée de malédiction éternelle et de punition des péchés liée au thème du fantôme.

[10] Juliette Drouet: actrice, elle fut la compagne de Victor Hugo á partir de 1833. Breton a toujours admiré en Hugo le poète visionnaire qui s'exprime dans les textes comme « Ce que dit la bouche d'ombre ».

tendre, elle, montrant la petite, répondre : « Porte piétonne, monsieur » ; puis, un peu plus loin, devant deux arbres entrelaçant leurs branches, reprendre : « Philémon et Baucis[11] », sachant qu'à cela Juliette ne répondrait pas, et l'assurance qu'on nous donne que cette poignante cérémonie s'est répétée quotidiennement pendant des années, comment la meilleure étude possible de l'œuvre de Hugo nous donnerait-elle á ce point l'intelligence et l'étonnante sensation de ce qu'il était, de ce qu'il est ? Ces deux portes sont comme le miroir de sa forcé et celui de sa faiblesse, on ne sait lequel est celui de sa petitesse, lequel celui de sa grandeur. Et que nous ferait tout le génie du monde s'il n'admettait près de lui cette adorable correction qui est celle de l'amour, et tient toute dans la réplique de Juliette ? Le plus subtil, le plus enthousiaste commentateur de l'œuvre de Hugo ne me fera jamais rien partager qui vaille ce sens suprême de la proportion. Comme je me louerais de posséder sur chacun des hommes que j'admire un document privé de la valeur de celui-là. A défaut, je me contenterais encore de documents d'une valeur moindre et peu capables de se suffire á eux-mêmes du point de vue affectif. Je ne porte pas de cuite á Flaubert et cependant, si l'on m'assure que de son propre aveu il n'a voulu avec Salammbô que « donner l'impression de la couleur jaune », avec Madame Bovary que « faire quelque chose qui fût de la couleur de ces moisissures des coins où il y a des cloportes » et que tout le reste lui était bien égal, ces préoccupations somme toute extra-littéraires me disposent en sa faveur. La magnifique lumière des tableaux de Courbet est pour moi celle de la place Vendôme, á l'heure où la colonne tomba. De nos jours, un homme comme Chirico[12], s'il consentait á livrer intégralement et, bien entendu, sans art, en entrant dans les plus infimes, aussi dans les plus inquiétants détails, le plus clair de ce

---

[11] Philémon et Baucis: leur légende a été contée par Ovide dans Les Métamorphoses. Ce couple, malgré sa vieillesse et sa fatigue, accueillit Zeus et Hermès voyageant sous les traits de simples mortels. Au moment de mourir, ils furent métamorphosés en chêne et en tilleul. Cette histoire enseigne que l'hospitalité est un devoir sacré et la fidélité conjugale un gage de bonheur éternel.
[12] Chirico: ce peintre (1888-1978) a précédé, dès les années 1910, le surréalisme. Ses toiles contiennent des visions et des paysages souvent insolites.

qui le fit agir jadis, quel pas ne serait-il pas faire á l'exégèse[13] ! Sans lui, que dis-je, malgré lui, au seul moyen de ses toiles d'alors et d'un cahier manuscrit que j'ai entre les mains, il ne saurait étre question de reconstituer qu'imparfaite- ment l'univers qui fut le sien, jusqu'en 1917. C'est un grand regret que de ne pouvoir combler cette lacune, que de ne pouvoir pleine- ment saisir tout ce qui, dans un tel uni- vers, va contre l'ordre prévu, dresse une nouvelle échelle des choses. Chirico a reconnu alors qu'il ne pouvait peindre que surpris (surpris le premier) par certaines dispositions d'objets et que toute l'énigme de la révélation tenait pour lui dans ce mot: surpris. Certes l'œuvre qui en résultait restait « liée d'un lien étroit avec ce qui avait provoqué sa naissance », mais ne lui ressemblait qu'« á la façon étrange dont se ressemblent deux frères, ou plutôt l'image en rêve d'une personne déterminée et cette personne réelle. C'est, en même temps ce n'est pas, la même personne ; une légère et mystérieuse transfiguration s'observe dans les traits ». En deçà de ces disposi- tions d'objets qui présentèrent pour lui une flagrance particulière, encore y aurait-il lieu de fixer l'attention critique sur ces objets eux- mêmes et de rechercher pourquoi, en si petit nombre, ce sont eux qui ont été appelés á se disposer de la sorte. On n'aura rien dit de Chirico tant qu'on n'aura pas rendu compte de ses vues les plus sub- jectives sur l'artichaut, le gant, le gâteau sec ou la bobine. Que ne peut-on, en pareille matière, compter sur sa collaboration[14] !

En ce qui me concerne, plus importantes encore que pour l'esprit la rencontre de certaines dispositions de choses m'apparaissent les dispositions d'un esprit á l'égard de certaines choses, ces deux sortes de dispositions régissant á elles seules toutes les formes de la sen- sibilité. C'est ainsi que je me trouve avec Huysmans[15], le Huysmans

---

[13] Exégèse: Breton appelle de ses vœux une sorte de journal de l'artiste qui permettrait d'interpréter ses œuvres, journal « sans art » que, précisément, il écrit avec *Nadja*

[14] Peu après, Chirico devait, dans une large mesure, accéder á ce désir (cf. *Hebdomeros*, éd. du Carrefour, Paris, 1929). {N. d A, 1962.)

[15] Huysmans: comme celle d'Hugo, il s'agit d'une lecture contemporaine de l'écriture de Nadja. Cet écrivain (1848-1907) évolua d'un naturalisme proche de celui de Zola á ce qu'il appellera un naturalisme spiritualiste.

d'En rade et de Là-bas des manières si communes d'apprécier tout ce qui se propose, de choisir avec la partialité du désespoir parmi ce qui est, que si á mon grand dépit je n'ai pu le connaître que par son œuvre, il m'est peut-être le moins étranger de mes amis. Mais aussi n'a-t-il pas fait plus que tout autre pour mener á son terme extrême cette discrimination nécessaire, *vitale*, entre l'anneau, d'apparence si fragile, qui peut nous être de tout secours et l'appareil vertigineux des forces qui se conjurent pour nous faire couler á pie ? IL m'a fait part de cet ennui vibrant que lui causèrent á peu près tous les spectacles ; nul avant lui n'a su, sinon me faire assister á ce grand éveil du machinal sur le terrain ravagé des possibilités conscientes, du moins me convaincre humainement de son absolue fatalité, et de l'inutilité d'y chercher pour moi-même des échappatoires[16]. Quel gré ne lui sais-je pas de m'informer, sans souci de l'effet á produire, de tout ce qui le concerne, de ce qui l'occupe, á ses heures de pire détresse, d'extérieur á sa détresse, de ne pas, comme trop de poètes, « chanter » absurdement cette détresse, mais de m'énumérer avec patience, dans l'ombre, les minimes raisons tout involontaires qu'il se trouve encore d'être, et d'être, il ne sait trop pour qui, celui qui parle ! IL est, lui aussi, l'objet d'une de ces sollicitations perpétuelles qui semblent venir du dehors, et nous immobilisent quelques instants devant un de ces arrangements fortuits, de caractère plus ou moins nouveau, dont il semble qu'a bien nous interroger nous trouverions en nous le secret. Comme je le sépare est-il besoin de le dire, de tous les empiriques[17] du roman qui prétendent mettre en scène des personnages distincts d'eux-mêmes et les campent physiquement, moralement, á leur manière, pour les besoins de quelle cause on préfère ne pas le savoir. D'un personnage réel, duquel ils croient avoir quelque aperçu, ils font deux personnages de leur histoire ; de deux, sans plus de gêne, ils

---

[16] Il m'a fait part de cet ennui [...] cherché pour moi-même des échappatoires: il s'agit, pour Huysmans comme pour Breton, de trouver dans la réalité ce qui va le sauver de l'ennui, de la conscience de la médiocrité de la vie. On peut penser que Breton fait ici allusion au roman A rebours dans lequel un personnage se livre á une quête effrénée de sensations.

[17] Empiriques: médecin qui se base sur l'observation, mais le mot désigne également un charlatan.

en font un. Et l'on se donne la peine de discuter ! Quelqu'un suggérait á un auteur de ma connaissance, á propos d'un ouvrage de lui qui allait paraître et dont l'héroïne pouvait trop bien étre reconnue, de changer au moins encore la couleur de ses cheveux. Blonde, elle eût eu chance, paraît-il, de ne pas trahir une femme brune. Eh bien, je ne trouve pas cela enfantin, je trouve cela scandaleux. Je persiste á réclamer les noms, á ne m'intéresser qu'aux livres qu'on laisse battants comme des portes, et desquels on n'a pas á chercher la clef. Fort heureusement les jours de la littérature psychologique á affabulation romanesque sont comptés. Je m'assure que le coup dont elle ne se relèvera pas lui a été porté par Huysmans. Pour moi, je continuerai á habiter ma maison de verre, où l'on peut voir á toute heure qui vient me rendre visite, où tout ce qui est suspendu aux plafonds et aux murs tient comme par enchantement, où je repose la nuit sur un lit de verre aux draps de verre, où *qui je suis* m'apparaîtra tôt ou tard gravé au diamant. Certes, rien ne me subjugue tant que la disparition totale de Lautréamont derrière son œuvre et j'ai toujours présent á l'esprit son inexorable: «Tics, tics et tics[18].» Mais il reste pour moi quelque chose de surnaturel dans les circonstances d'un effacement humain aussi complet. IL serait par trop vain d'y prétendre et je me persuade aisément que cette ambition, de la part de ceux qui se retranchent derrière elle, ne témoigne de rien que de peu honorable.

Je n'ai dessein de relater, en marge du récit que je vais entreprendre, que les épisodes les plus marquants de ma vie *telle que je peux la concevoir hors de son plan organique*, soit dans la mesure même où elle est livrée aux hasards, au plus petit comme au plus grand, où regimbant contre l'idée commune que je m'en fais, elle m'introduit dans un monde comme défendu qui est celui des rapprochements soudains, des pétrifiantes coïncidences, des réflexes primant

---

[18] Tics, tics et tics: Lautréamont, auteur des Chants de Maldoror et de Poésies, est une référence constante chez les surréalistes. Cette exclamation (Poésies II) fait suite á une énumération d'auteurs célèbres (Hugo, Racine, Corneille) et accompagne le slogan « La poésie doit être faite par tous et non par un ».

tout autre essor du mental, des accords plaqués comme au piano, des éclairs qui feraient voir, mais alors voir, s'ils n'étaient encore plus rapides que les autres. IL s'agit de faits de valeur intrinsèque sans doute peu contrôlable mais qui, par leur caractère absolument inattendu, violemment incident, et le genre d'associations d'idées suspectes qu'ils éveillent, une façon de vous faire passer du fil de la Vierge[19] á la toile d'araignée, c'est-á-dire á la chose qui serait au monde la plus scintillante et la plus gracieuse, n'était au coin, ou dans les parages, l'araignée ; il s'agit de faits qui, fussent-ils de l'ordre de la constatation pure, présentent chaque fois toutes les apparences d'un signal, sans qu'on puisse dire au juste de quel signal, qui font qu'en pleine solitude, je me découvre d'invraisemblables complicités, qui me convainquent de mon illusion toutes les fois que je me crois seul á la barre du navire. IL y aurait á hiérarchiser ces faits, du plus simple au plus complexe, depuis le mouvement spécial, indéfinissable, que provoque de notre part la vue de très rares objets ou notre arrivée dans tel et tel lieux, accompagnées de la sensation très nette que pour nous quelque chose de grave, d'essentiel, en dépend, jusqu'á l'absence complète de paix avec nous-mêmes que nous valent certains enchaînements, certains concours de circonstances qui passent de loin notre entendement, et n'admettent notre retour á une activité raisonnée que si, dans la plupart des cas, nous en appelons á l'instinct de conservation. On pourrait établir quantité d'intermédiaires entre ces faits-glissades et ces faits-précipices. De ces faits, dont je n'arrive á être pour moi-même que le témoin hagard, aux autres faits, dont je me flatte de discerner les tenants et, dans une certaine mesure, de présumer les aboutissants, il y a peut-être la même distance que d'une de ces affirmations ou d'un de ces ensembles d'affirmations qui constitue la phrase ou le

---

[19] Lefilde la Vierge: cette métaphore est importante. Les araignées produisent ce fil qui finit par tisser une toile. Les faits inattendus paraissent être le fruit du hasard mais ces événements ont une logique, ils tissent une toile.

texte « automatique[20] » á l'affirmation ou l'ensemble d'affirmations que, pour le même observateur, constitue la phrase ou le texte dont tous les termes ont été par lui mûrement réfléchis, et pesés. Sa responsabilité ne lui semble pour ainsi dire pas engagée dans le premier cas, elle est engagée dans le second. IL est, en revanche, infiniment plus surpris, plus fasciné par ce qui passe la que par ce qui passe ici. IL en est aussi plus fier, ce qui ne laisse pas d'être singulier, il s'en trouve plus libre. Ainsi en va-t-il de ces sensations électives dont j'ai parlé et dont la part d'incommunicabilité même est une source de plaisirs inégalables.

Je prendrai pour point de départ l'hôtel des Grands Hommes...

---

[20] Texte automatique: l'écriture automatique est une écriture spontanée, sans sujet donné et sans contrôle rationnel. Pratiquée dans Les Champs magnétiques, elle est á l'origine du mouvement surréaliste (cf. « Contextes »).

Manoir d'Ango, le colombier...

Qu'on n'attende pas de moi le compte global de ce qu'il m'a été donné d'éprouver dans ce domaine. Je me bornerai ici á me souvenir sans effort de ce qui, ne répondant á aucune démarche de ma part, m'est quelquefois advenu, de ce qui me donne, m'arrivant par des voies insoupçonnables, la mesure de la grâce et de la disgrâce particulières dont je suis l'objet; j'en parlerai sans ordre préétabli, et selon le caprice de l'heure qui laisse surnager ce qui surnage.

Je prendrai pour point de départ l'hôtel des Grands Hommes, place du Panthéon, où j'habitais vers 1918, et pour étape le Manoir d'Ango á Varangéville-sur-Mer, où je me trouve en août 1927 toujours le même décidément, le Manoir d'Ango où l'on m'a offert de me tenir, quand je voudrais ne pas étre dérangé, dans une cahute masquée artificiellement de broussailles, á la lisière d'un bois, et d'où je pourrais, tout en m'occupant par ailleurs á mon gré, chasser au grand-duc. (Etait-il possible qu'il en fût autrement, des lors que je voulais écrire *Nadja* ?) Peu importe que, de-ci de-là, une erreur ou une omission minime, voire quelque confusion ou un oubli sincère jettent une ombre sur ce que je raconte, sur ce qui, dans son ensemble, ne saurait étre sujet á caution. J'aimerais enfin qu'on ne ramenât point de tels accidents de la pensée à leur *injuste* proportion de faits divers et que si je dis, par exemple, qu'a Paris la statue d'Etienne Dolet, place Maubert, m'a toujours tous ensemble attiré et causé un insupportable malaise, on n'en déduisit pas immédiatement que je suis, en tout et pour tout, justiciable de la psychanalyse, méthode que j'estime et dont je pense qu'elle ne vise á rien moins qu'á expulser l'homme de lui-même, et dont j'attends d'autres exploits que des exploits d'huissier. Je m'assure, d'ailleurs, qu'elle n'est pas en état de s'attaquer á de tels phénomènes, comme, en dépit de ses grands mérites, c'est déjà lui faire trop d'honneur que d'admettre qu'elle épuise le problème du rêve ou qu'elle n'occasionne pas simplement de nouveaux manquements d'actes á partir de son explication des actes manqués[21]. J'en arrive á ma propre expérience, á ce qui est pour moi sur moi-même un sujet á peine intermittent de méditations et de rêveries.

(Photo Coll. George Sirot) Si je dis qu'á Paris la statue d'Etienne Dolet, place Maubert, m'a toujours tous ensemble attiré et causé un insupportable malaise...

14

(Photo Man Ray)

Paul Eluard...

Le jour de la première représentation de *Couleur du Temps*[22], d'Apollinaire, au Conservatoire Renée Maubel, comme á l'entracte je m'entretenais au balcon avec Picasso, un jeune homme s'approche de moi, balbutie quelques mots, finit par me faire entendre qu'il m'avait pris pour un de ses amis, tenu pour mort á la guerre. Naturellement, nous en restons là. Peu après, par l'intermédiaire de Jean Paulhan[23] j'entre en correspondance avec Paul Éluard[24] sans qu'alors nous ayons la moindre représentation physique l'un de l'autre. Au cours d'une permission, il vient me voir : c'est lui qui s'était porté vers moi á *Couleur du Temps*.

Les mots BOIS-CHARBONS qui s'étalent á la dernière page des *Champs magnétiques*[25] m'ont valu, tout un dimanche où je me promenais avec Soupault, de pouvoir exercer un talent bizarre de prospection á l'égard de toutes les boutiques qu'ils servent á désigner. IL me semble que je pouvais dire, dans quelque rué qu'on s'engageât, á quelle hauteur sur la droite, sur la gauche, ces boutiques apparaîtraient. Et que cela se vérifiait toujours. J'étais averti, guidé, non par l'image hallucinatoire des mots en question, mais bien par celle d'un de ces rondeaux de bois qui se présentent en coupe, peints sommairement par petits tas sur la façade, de part et d'autre de l'entrée, et de cou- leur uniforme avec un secteur plus sombre. Rentré chez moi, cette image continua á me poursuivre. Un air de chevaux de bois, qui venait du carrefour Médicis, me fit l'effet d'être encore cette bûche. Et, de ma fenêtre, aussi le crâne de Jean-Jacques Rousseau, dont la statue m'apparaissait de dos et á deux ou trois étages au-dessous de moi. Je reculai précipitamment, pris de peur.

---

[22] Couleur du Lemps : la première représentation eut lieu le 24 novembre 1918.

[23] Jean Paulhan : écrivain et critique (1884- 1968) qui fut directeur de La Nouvelle Revue française á partir de 1925.

[24] Paul Éluard: poète (1895-1952) qui évolua du surréalisme (Capitale de la douleur) á l'engagement dans la Résistance.

[25] Les Champs magnétiques : publiée en 1920, l'œuvre regroupe un ensemble de textes écrits par Breton et Soupault, sous forme de contes, récits, aphorismes et poésies. Ces textes procèdent tous de l'écriture automatique.

Les mots BOIS-CHARBONS...

(Photo Man Ray)

Quelques jours plus tard, Benjamin Péret était la...

Toujours place du Panthéon, un soir, tard. On frappe. Entre une femme dont l'âge approximatif et les traits aujourd'hui m'échappent. En deuil, je crois. Elle est en quête d'un numéro de la revue *Littérature*[26], que quelqu'un lui a fait promettre de rapporter á Nantes, le lendemain. Ce numéro n'a pas encore paru mais j'ai peine á l'en convaincre. IL apparat bientôt que l'objet de sa visite est de me « recommander » la personne qui l'envoie et qui doit bientôt venir á Paris, s'y fixer. (J'ai retenu l'expression : « qui voudrait se lancer dans la littérature » que depuis lors, sachant á qui elle s'appliquait, j'ai trouvée si curieuse, si émouvante.) Mais qui me donnait-on charge ainsi, plus que chimériquement, d'accueillir, de conseiller ? Quelques jours plus tard, Benjamin Péret[27] était là.

Nantes : peut-être avec Paris la seule ville de France où j'ai l'impression que peut m'arriver quelque chose qui en vaut la peine, où certains regards brûlent pour eux-mêmes de trop de feux (je l'ai constaté encore l'année dernière, le temps de traverser Nantes en automobile et de voir cette femme, une ouvrière, je crois, qu'accompagnait un homme, et qui a levé les yeux : j'aurais dû m'arrêter), où pour moi la cadence de la vie n'est pas la même qu'ailleurs, où un esprit d'aventure au-delà de toutes les aventures habite encore certains êtres, Nantes, d'où peuvent encore me venir des amis, Nantes où j'ai aimé un pare : le pare de Procé.

Je revois maintenant Robert Desnos[28] á l'époque que ceux d'entre nous qui l'ont connue appellent *l'époque des sommeils*. IL « dort », mais il écrit, il parle. C'est le soir, chez moi, dans l'atelier, au-dessus du cabaret du Ciel. Dehors, on crie : « On entre, on entre, au Chat Noir ! » Et Desnos continué á voir ce que je ne vois pas, ce que je

---

[26] La revue Littérature : revue dirigée par Aragón, Breton et Soupault et dont le premier numéro parait en 1919 (cf. « Repères chronologiques »).

[27] Benjamin Péret: ce poète surréaliste (1899- 1959), assez méconnu aujourd'hui, a joué un rôle essentiel dans le mouvement.

[28] Robert Desnos (1900-1945, mort au camp de concentration de Terezm), autre membre essentiel du groupe surréaliste, qui á la suite d'une brouille sera, avec d'autres, á l'initiative du pamphlet Un cadavre, dirigé contre Breton.

ne vois qu'au fur et á mesure qu'il me le montre. Pour cela souvent il emprunte la personnalité de l'homme vivant le plus rare, le plus

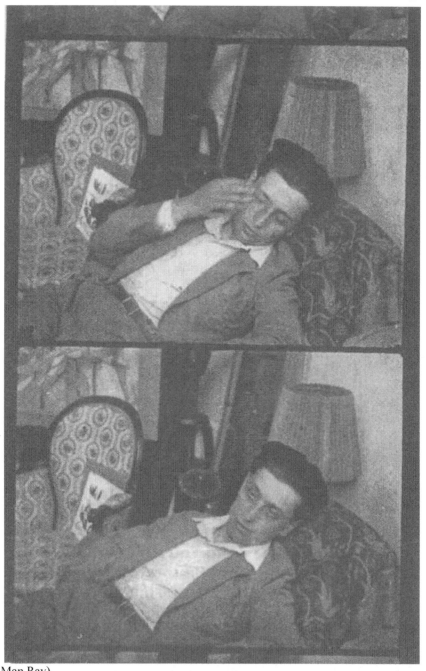

(Photo Man Ray)

Je revois maintenant Robert Desnos...

(Photo J.-A. Boiffard)

Non : pas même la très belle et très inutile Porte Saint-Denis...

infixable, le plus décevant, l'auteur du *Cimetière des Uniformes et Livrées*, Marcel Duchamp[29] qu'il n'a jamais vu dans la réalité. Ce

---

[29] Marcel Duchamp (1887-1968): peintre et poète, auteur de ready-made, « objets tout faits digni-fiés a priori par la seule vertu de son choix » (Breton, Anthologie de l'humour noir, 1940). Ce sont en fait des objets de la vie quotidienne — comme un urinoir — élevés au rang d'œuvres d'art.

L'Étreinte de la Pieuvre

Grand Sérial mystérieux en 15 épisodes,

Interprété par Ben Wilson et Neva Gerber.

Cinquième épisode : L'Œil de Satan

Quelle situation épouvantable que celle de Ruth et de Carter entraînés tous deux dans le wagon détaché du train vers l'abîme ! Le pont mobile est ouvert, la voiture qui enferme les deux jeunes gens va se trouver précipitée dans le fleuve. Heureusement, Carter arrive à manœuvrer le frein de la voiture : une fraction de seconde plus tard, et elle plongeait dans les flots.

Mais les Zélateurs de Satan guettaient. Leur ruse infernale ayant échoué, ils se ruent sur Carter : il est jeté dans le fleuve. Quant à Ruth, elle est ligotée, bâillonnée et emmenée en automobile à San Francisco, chez Hop Lee, émissaire du Dr Wang Foo.

Carter est un intrépide nageur. Il arrive à remonter à la surface des eaux, à revenir sur la berge, et la Providence fait que son fidèle lieutenant Sandy Mac Nab, auquel il avait donné l'ordre de le suivre en automobile, apparaît et l'aide à monter dans la voiture. Carter et Sandy filent à toute allure vers San Francisco.

Là, Carter débarque à l'hôtel Wellington où les Zélateurs de Satan ont tôt fait de le dépister. Lui ne songe qu'à retrouver Ruth. Or, dans l'hôtel, il rencontre Jean Al Kasim qui lui donne un renseignement précieux : Mᵐᵉ Zora, la femme qui voulait tuer Ruth, se trouve logée justement dans la chambre voisine de celle de Carter. Peut-être, en surprenant une conversation de cette femme avec ses complices, Carter arrivera-t-il à découvrir la retraite de Ruth. Carter écoute. Il apprend que la jeune fille est cachée dans le quartier chinois. Il surprend le mot de passe des conjurés, qui est : « L'Œil de Satan. » Il s'est procuré un masque noir identique à celui de L'Homme au Masque, et il pourrait, en passant pour ce dernier, sauver la jeune fille, s'il connaissait plus précisément la place où elle est séquestrée.

Mais il faut commencer les recherches. Carter se rend au bureau du chef de la police. Là un étrange appel téléphonique lui révèle ce qu'il désirait tant savoir. En effet, Ruth Stanhope, qui est entre les mains de Hop Lee, a usé d'un habile stratagème : sans éveiller l'attention de son gardien, elle a soulevé le récepteur de l'appareil et demandé la communication avec le bureau de la police, et c'est elle-même qui, au téléphone, révèle à

Ce film, de beaucoup celui qui m'a le plus frappé...

qui passait de Duchamp pour le plus inimitable á travers quelques mystérieux «jeux de mots » (Rrose Sélavy)[30] se retrouve chez Desnos dans toute sa pureté et prend soudain une extraordinaire ampleur. Qui n'a pas vu son crayon poser sur le papier, sans la moindre hésitation et avec une rapidité prodigieuse, ces étonnantes équations poétiques, et n'a pu s'assurer comme moi qu'elles ne pouvaient avoir été pré- parées de plus longue main, même s'il est capable d'apprécier leur perfection technique et de juger du merveilleux coup d'aile, ne peut se faire une idée de tout ce que cela engageait alors, de la valeur absolue d'oracle que cela prenait. IL faudrait que l'un de ceux qui ont assisté á ces séances innombrables prît la peine de les décrire avec précision, de les situer dans leur véritable atmosphère. Mais l'heure n'est pas venue où l'on pourra les évoquer sans passion. De tant de rendez-vous que, les yeux fermés, Desnos m'a don- nés pour plus tard avec lui, avec quelqu'un d'autre ou avec moi-même, il n'en est pas un que je me sente encore le courage de manquer, pas un seul, au lieu et á l'heure les plus invraisemblables, où je ne sois sûr de trouver qui il m'a dit.

On peut, en attendant, être sûr de me rencontrer dans Paris, de ne pas passer plus de trois jours sans me voir aller et venir, vers la fin de l'après-midi, boulevard Bonne-Nouvelle entre rimprimerie du Matin et le boulevard de Stras- bourg. Je ne sais pourquoi c'est là, en effet, que mes pas me portent, que je me rends presque toujours sans but déterminé, sans rien de décidant que cette donnée obscure, á savoir que c'est là que se passera *cela* (?). Je ne vois guère, sur ce rapide parcours, ce qui pourrait, même á mon insu, constituer pour moi un pôle d'attraction, ni dans l'espace ni dans le temps. Non : pas même la très belle et très inutile Porte Saint-Denis. Pas même le souvenir du huitième et dernier épisode d'un film que j'ai vu passer la, tout près, durant lequel un Chinois, qui avait trouvé je ne sais quel moyen de se multiplier, envahissait New York á lui seul, á quelques millions d'exemplaires de lui seul. IL entrait, suivi de lui-

---

[30] Rrose Sélavy est un personnage imaginaire prétexte á jeux de mots, comme celui que cite Breton dans r Anthologie: « Rrose Sélavy et moi esquivons les ecchymoses des Esquimaux aux mots exquis. »

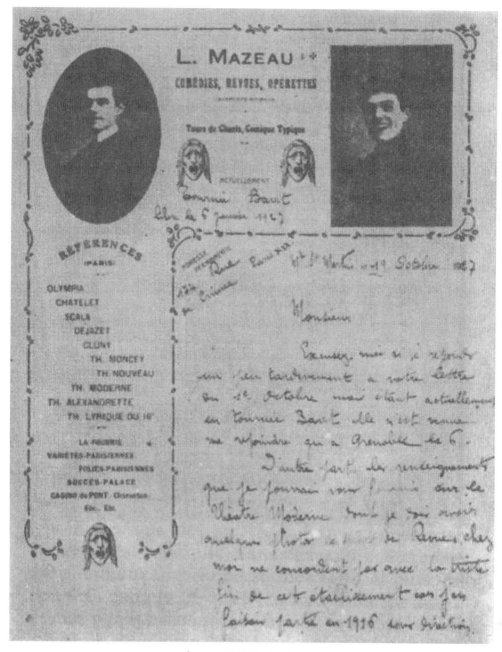

À propos du Théâtre Moderne...

même, et de lui-même, et de lui-même, et de lui-même, dans le bureau du président Wilson, qui ôtait son binocle. Ce film, de beaucoup celui qui m'a le plus frappé, s'appelait: *L'Etreinte de la Pieuvre.*

Avec ce système qui consiste, avant d'entrer dans un cinéma, á ne jamais consulter le programme -ce qui, du reste, ne m'avancerait guère, étant donné que je n'ai pu retenir les noms de plus de cinq ou six interprètes je cours évidemment le risque de plus « mal tomber » qu'un autre, bien qu'ici je doive confesser mon faible pour les films français les plus complètement idiots. Je *comprends*, du reste, assez mal, je suis trop vaguement. Parfois cela finit par me gêner, alors j'interroge mes voisins. N'empêche que certaines salles de cinéma du dixième arrondissement me paraissent étre des endroits particulièrement indiqués pour que je m'y tienne, comme au temps où, avec Jacques Vache, á l'orchestre de l'ancienne salle des « Folies-Dramatiques », nous nous installions pour dîner, ouvrions des bottes, taillions du pain, débouchions des bouteilles et parlions haut comme á table, á la grande stupéfaction des spectateurs qui n'osaient rien dire.

À propos du Théâtre Moderne...

Le « Théâtre Moderne », situé au fond du passage de l'Opéra[31] aujourd'hui détruit, outre que les pièces qu'on y représentait avaient encore moins d'importance, répondait on ne peut mieux á mon idéal, dans ce sens. Le jeu dérisoire des acteurs, ne tenant qu'un compte très relatif de leur rôle, ne se souciant qu'á peine les uns des autres et tous occupés á se créer des relations dans le public composé d'une quinzaine de personnes tout au plus, ne m'y fit jamais que l'effet d'une toile de fond. Mais que retrouverai-je pour cette image la plus fugace et la plus alertée de moi-même, pour cette image dont je m'entretiens, qui vaille l'accueil de cette salle aux grandes glaces usées, décorées vers le bas de cygnes gris glissant dans des roseaux jaunes, aux loges grillagées, privées tout á fait d'air, de lumière, si peu rassurantes, de cette salle où durant le spectacle des rats furetaient, vous frôlant le pied, où l'on avait le choix, en arrivant, entre un fauteuil défoncé et un fauteuil renversable ! Et du premier au second acte, car il était par trop complaisant d'attendre le troisième, que reverrai-je jamais de ces yeux qui l'ont vu le « bar » du premier étage, si sombre lui aussi, avec ses impénétrables tonnelles, « un salon au fond d'un lac[32] », oui vraiment? Ay être revenu souvent, j'ai gagné, au prix de tant d'horreurs dont les pires imaginées, de me souvenir d'un couplet parfaitement pur. C'est une femme, par extra- ordinaire jolie, qui chantait:

La maison de mon cœur est prête
Et ne s'ouvre qu'á 1'avenir.
Puisqu'il n'est rien que je regrette,
Mon bel époux, tu peux venir[33] [34].

---

[31] Passage de l'Opéra: ces passages, introduisant le mystère au sein de la ville, sont des lieux privilégiés pour les surréalistes. Le Paysan de Paris d'Aragón décrit longuement le passage de l'Opéra.

[32] Un salon au fond d'un lac : Rimbaud, dans « Alchimie du verbe », écrit: « Je m'habituai á l'hallucination simple : je voyais très franchement [...] un salon au fond d'un lac. »

[33] Var. : Amour nouveau, tu peux venir. (N. d. A.)

[34] La maison de mon cœur [...] tu peux venir: cette chanson est extraite d'une opérette de Guy Montoriol, Fleur-de-péché.

J'ai toujours incroyablement souhaité de rencontrer la nuit, dans un bois, une femme belle et nue, ou plutôt, un tel souhait une fois exprimé ne signifiant plus rien, je regrette incroyablement de ne pas l'avoir rencontrée. Supposer une telle rencontre n'est pas si délirant, somme toute : il se pourrait. IL me semble que tout se fût arrêté net, ah ! Je n'en serais pas á écrire ce que j'écris. J'adore cette situation qui est, entre toutes, celle où il est probable que j'eusse le plus manqué de *présence d'esprit*. Je n'aurais même pas eu, je crois, celle de fuir. (Ceux qui rient de cette dernière phrase sont des porcs.) A la fin d'un après-midi, l'année dernière, aux galeries de côté de l'« Electric- Palace[35] », une femme nue, qui ne devait avoir eu á se défaire que d'un manteau, allait bien d'un rang á l'autre, très blanche. C'était déjà bouleversant. Loin, malheureusement, d'étre assez extraordinaire, ce coin de l'« Electric » étant un lieu de débauche sans intérêt.

Mais, pour moi, descendre vraiment dans les bas-fonds de l'esprit, la où il n'est plus question que la nuit tombe et se relève (c'est donc le jour ?) c'est revenir rué Fontaine, au « Théâtre des Deux-Masques[36] » qui depuis lors a fait place á un cabaret. Bravant mon peu de goût pour les planches, j'y suis allé jadis, sur la foi que la pièce qu'on y jouait ne pouvait étre mauvaise, tant la critique se montrait acharnée contre elle, allant jusqu'à en réclamer l'interdiction. Entre les pires du genre « Grand-Guignol[37] » qui constituaient tout le répertoire de cette salle, elle avait paru gravement déplacée : on conviendra que ce n'était pas la une médiocre recommandation. Je ne tarderai pas davantage á dire l'admiration sans borne que j'ai éprouvée pour *Les Détraquées*[38], qui reste et restera longtemps la seule œuvre dramatique (j'entends : faite uniquement pour la scène) dont je veuille me souvenir. La pièce, j'y insiste, ce n'est pas un de ses côtés les moins étranges, perd presque tout à n'être pas *vue*, tout

---

[35] Electric-Palace: cinéma situé 5, boulevard des Italiens.

[36] L'théâtre des Deux-Masques: situé rue Fontaine, dans la rué même où habitait Breton.

[37] Grand-Guignol: genre théâtral populaire du début du siécle spécialisé dans des pièces d'épouvante aux intrigues invraisemblables.

[38] Les Détraquées: l'auteur de cette pièce est l'acteur Pierre Palau (cf. p. 48).

au moins chaque intervention de personnage á ne pas étre mimée. Ces réserves faites, il ne me semble pas autrement vain den exposer le sujet.

L'action a pour cadre une institution de jeunes filles : le rideau se lève sur le cabinet de la directrice. Cette personne, blonde, d'une quarantaine d'années, d'allure imposante, est seule et manifeste une grande nervosité. On est á la veille des vacances et elle attend avec anxiété l'arrivée de quelqu'un : « Et Solange qui devrait étre la... » Elle marche fébrilement á travers la pièce, touchantes meubles, les papiers. Elle va de temps á autre á la fenêtre qui donne sur le jardin où la récréation vient de commencer. On a entendu la cloche, puis de-ci de-là des cris joyeux de fillettes qui se perdent aussitôt dans le lointain brouhaha. Un jardinier hébété, qui hoche la tête et s'exprime d'une manière intolérable, avec d'immenses retards de compréhension et des vices de prononciation, le jardinier du pensionnat, se tient maintenant près de la porte, ânonnant des paroles vagues et ne semblant pas disposé á s'en aller. IL revient de la gare et n'a pas trouvé Mlle Solange á la descente du train : « Ma-moisell-So-lange... » IL traîne les syllabes comme des savates. On s'impatiente aussi. Cependant une dame âgée, qui vient de faire passer sa carte, est introduite. Elle a reçu de sa petite-fille une lettre assez confuse, mais la suppliant de venir au plus vite la chercher. Elle se laisse facilement rassurer : á cette époque de l'année les enfants sont toujours un peu nerveuses. IL n'y a, d'ailleurs, qu'á appeler la petite pour lui demander si elle a á se plaindre de quelqu'un ou de quelque chose. La voici. Elle embrasse sa grand-mère. Bientôt on voit que ses yeux ne pourront plus se détourner des yeux de celle qui l'interroge. Elle se borne á quelques gestes de dénégation. Pourquoi n'attendrait-elle pas la distribution des prix qui doit avoir lieu dans quelques jours ? On sent qu'elle n'ose parler. Elle restera. L'enfant se retire, soumise. Elle va vers la porte. Sur le seuil, un grand combat paraît se livrer en elle. Elle sort en courant. La grand-mère, remerciant, prend congé. De nouveau, la directrice seule. L'attente absurde, terrible, où l'on ne sait quel objet changer de place, quel geste répéter, qu'entreprendre pour faire arriver ce qu'on attend... Enfin le bruit d'une voiture... Le visage qu'on observait s'éclaire. Devant l'éternité. Une femme adorable entre sans frapper. C'est elle. Elle repousse légèrement les bras qui la serrent. Brune, châtain, je ne sais. Jeune. Des yeux splendides, où il y a de la langueur,

(Photo Henri Manuel)

L'enfant de tout a l'heure entre sans dire mot...

du désespoir, de la finesse, de la cruauté. Minée, très sobrement vêtue, une robe de couleur foncée, des bas de soie noire. Et ce rien de « déclassé » que nous aimons tant. On ne dit pas ce qu'elle vient faire, elle s'excuse d'avoir été retenue. Sa grande froideur apparente contraste autant qu'il est possible avec la réception qu'on lui fait. Elle parle, avec une indifférence qui a l'air affecté, de ce qu'a été sa vie, peu de chose, depuis l'année précédente où, á pareille époque, elle est déjà venue. Sans précisions de l'école où elle enseigne. Mais (*ici la conversation va prendre un tour infiniment plus intime*) il est mainte- nant question des bonnes relations que Solange a pu entretenir avec certaines élèves plus charmantes que les

29

autres, plus jolies, mieux douées. Elle devient rêveuse. Ses paroles sont écoutées tout près de ses lèvres. Tout á coup, elle s'interrompt, on la voit á peine ouvrir son sac et, découvrant une cuisse merveilleuse, la, un peu plus haut que la jarretière sombre... « Mais, tu ne te piquais pas ! - Non, oh ! maintenant, que veux-tu. » Cette réponse faite sur un ton de lassitude si poignant. Comme ranimée, Solange, á son tour, s'informe : « Et toi... chez toi ? Dis. » Ici aussi il y a eu de *nouvelles* élèves très gentilles. Un surtout. Si douce. « Chérie, tiens. » Les deux femmes se penchent longuement á la fenêtre. Silence. UN BALLON TOMBE DANS LA PIÈCE. Silence. « C'est elle ! Elle va monter. — Tu crois ? » Toutes deux debout, appuyées au mur. Solange ferme les yeux, se détend, soupire, s'immobilise. On frappe. L'enfant de tout á l'heure entre sans dire mot, se dirige lentement vers le ballon, les yeux dans les yeux de la directrice ; elle^ marche sur la pointe des pieds. Rideau. — A l'acte suivant, c'est la nuit dans une antichambre. Quelques heures se sont écoulées. Un médecin, avec sa trousse. On a constaté la disparition d'une enfant. Pourvu qu'il ne lui soit pas arrivé malheur ! Tout le monde s'affaire, la maison et le jardin ont été fouillés de fond en comble. La directrice, plus calme que précédemment. « Une enfant très douce, un peu triste peut-être. Mon Dieu, et sa grand-mère qui était là il y a quelques heures ! Je viens de l'envoyer chercher. » Le médecin méfiant : deux années consécutives, un accident au moment du départ des enfants. L'année dernière la découverte du cadavre dans le puits. Cette année... Le jardinier vaticinant et bêlant. IL est allé regarder dans le puits. « C'est drôle ; pour étre drôle, c'est drôle. » Le médecin interroge vainement le jardinier : « C'est drôle. » IL a battu tout le jardin avec une lanterne. IL est impossible aussi que la fillette soit sortie. Les portes bien fermées. Les murs. Et rien dans toute la maison. La brute continué á ergoter misérablement avec elle-même, á ressasser d'une manière de moins en moins intelligible les mêmes choses. Le médecin n'écoute pour ainsi dire plus. « C'est drôle.

L'année d'avant. Moi j'ai rien vu. Faudra que je remette demain une bougie... Où qu'elle peut étre cette petite ? M'sieur l'docteur. Bien, m'sieur l' docteur. C'est quand même drôle... Et justement, v'là-t-il pas que ma-moisell-Solange arrive hier tantôt et que... - Quoi, tu dis, cette mademoiselle Solange, ici ? Tu es sûr ? (Ah ! mais c'est plus que je ne pensais comme l'année dernière.) Laisse-moi. » L'embuscade du médecin derrière un pilier. IL ne fait pas encore jour. Passage de Solange qui traverse la scène. Elle ne semble pas participer á l'émoi général, elle va droit devant elle comme un automate. - Un peu plus tard. Toutes les recherches sont restées vaines. C'est de nouveau le cabinet de la directrice. La grand-mère de l'enfant vient de se trouver mal au parloir. Vite il faut aller lui donner des soins. Décidément, ces deux femmes paraissent avoir la conscience tranquille. On regarde le médecin. Le commissaire. Les domestiques. Solange. La directrice... Celle-ci, á la recherche d'un cordial, se dirige vers l'armoire á pansements, l'ouvre... Le corps ensanglanté de l'enfant apparaît la tête en bas et s'écroule sur le plancher. Le cri, l'inoubliable cri. (A la représentation, on avait cru bon d'avertir le public que l'artiste qui interprétait le rôle de l'enfant avait dix-sept ans révolus. L'essentiel est qu'elle en paraissait onze.) Je ne sais si le cri dont je parle mettait exactement fin á la pièce, mais j'espère que ses auteurs (elle était due á la collaboration de l'acteur comique Palau et, je crois, d'un chirurgien nommé Thiery, mais aussi sans doute de quelque démon)* n'avaient pas voulu que Solange fût éprouvée davantage et que ce personnage, trop tentant pour étre vrai, eût á subir une apparence de châtiment que, du reste, il nie de toute sa splendeur. Je n'ajouterai seulement que le rôle était

*La véritable identité de ces auteurs n'a été établie que trente ans plus tard. C'est seulement en 1956 que la revue Le Surréalisme, même a été en mesure de publier le texte intégral des Détraquées avec une postface de P.-L. Palau éclairant la genèse de la pièce : « L'idée initiale m'[en] a été inspirée par des incidents assez équivoques qui avaient eu pour cadre une institution de jeunes filles de la banlieue parisienne. Mais étant donné le théâtre auquel je la destinais- les Deux Masques - dont le genre s'apparentait au Grand-Guignol, il me fallait en corser le côté dramatique tout en restant dans l'absolue vérité scientifique : le côté scabreux que j'avais á traiter m'y obligeait. IL s'agissait d'un cas de folie circulaire et périodique, mais pour le mener á bien j'avais besoin de lumières que je

ne possédais pas. C'est alors qu'un ami, le professeur Paul Thiery, chirurgien des hôpi-taux, me mit en relation avec l'éminent Joseph Babinski, qui voulut bien éclairer ma lanterne, ce qui me permit de traiter sans erreur la partie pour ainsi dire scientifique du drame. » Grande fut ma surprise quand j'appris que le docteur Babinski avait eu part á l'élaboration des Détraquées. Je garde grand souvenir de l'illustre neuro- logue pour l'avoir, en qualité d'« interne provisoire », assez longuement assisté dans son Service de la Pitié. Je m'honore toujours de la sympathie qu'il m'a montrée - l'eût elle égaré jusqu'á me prédire un grand avenir médical ! - et, á ma manière, je crois avoir tiré parti de son enseignement, auquel rend hommage la fin du premier *Manifeste au surréalisme*[39] (N.d.A., 1962.)

tenu par la plus admirable et sans doute la *seule* actrice de ce temps, que j'ai vue jouer aux « Deux Masques » dans plusieurs autres pièces où elle n'était pas moins belle, mais de qui, peut-être á ma grande honte*, je n'ai plus entendu parler : Blanche Derval[40].

(En finissant hier soir de conter ce qui précède, je m'abandonnais encore aux conjectures qui pour moi ont été de mise chaque fois que j'ai revu cette pièce, soit á deux ou trois reprises, ou que je me la suis moi-même représentée. Le manque d'indices suffisants sur ce qui se passe après la chute du ballon, sur ce dont Solange et sa partenaire peuvent exactement être la proie pour devenir ces su-perbes bêtes de proie, demeure par excellence ce qui me confond. En m éveillant ce matin j'avais plus de peine que de coutume á me débarrasser d'un rêve assez infâme que je n'éprouve pas le besoin de transcrire ici, parce qu'il procède pour une grande part de con-versations que j'ai eues hier, tout á fait extérieurement á ce sujet. Ce rêve m'a paru intéressant dans la mesure où il était symptoma-tique de la répercussion que de tels souvenirs, pour peu qu'on s'y adonne avec violence, peuvent avoir sur le cours de la pensée.

* Qu'ai-je voulu dire ? Que j'aurais dû l'approcher, á tout prix tenter de dévoiler la *femme* réelle qu'elle était. Pour cela, il m'eût fallu surmonter certaine prévention contre les co-médiennes, qu'entretenait le souvenir de Vigny, de Nerval. Je m'accuse la d'avoir failli á l'« attraction passionnelle ». (N. d. A, 1962.)

[39] La fin du premier Manifeste du surréalisme : Breton dit du docteur Babinski que, comme lui-même en écrivant Nadja, « il ne s'en fiait plus á aucun plan ».
[40] Blanche Derval: actrice française (1885- 1973). Quelques critiques ont á tort pensé qu'elle pou-vait étre Nadja.

(Photo Henri Mamel)

Blanche Derval...

IL est remarquable, d'abord, d'observer que le rêve dont il s'agit n'accusait que le côté pénible, répugnant, voire atroce, des considérations auxquelles je m'étais livré, qu'il dérobait avec soin tout ce qui de semblables considérations fait pour moi le prix fabuleux, comme d'un extrait d'ambre ou de rose par-delà tous les siècles. D'autre part, il faut bien avouer que si je m'éveille, voyant avec une extrême lucidité ce qui en dernier lieu vient de se passer : un insecte couleur mousse, d'une cinquantaine de centimètres, qui s'est substitué á un vieillard, vient de se diriger vers une sorte d'appareil automatique ; il a glissé un sou dans la fente, au lieu de deux, ce qui m'a paru constituer une fraude particulièrement répréhensible, au point que, comme par mégarde, je l'ai frappé d'un coup de canne et l'ai senti me tomber sur la tête -j'ai eu le temps d'apercevoir les boules de ses yeux briller sur le bord de mon chapeau, puis j'ai étouffé et c'est á grand-peine qu'on m'a retiré de la gorge deux de ses grandes pattes velues tandis que j'éprouvais un dégoût inexprimable- il est clair que, superficiellement, ceci est surtout en relation avec le fait qu'au plafond de la loggia où je me suis tenu ces derniers jours se trouve un nid, autour duquel tourne un oiseau que ma présence effarouche un peu, chaque fois que des champs il rapporte en criant quelque

Comme je metáis rendu au « marché
auxpuces » de Saint-Ouen...

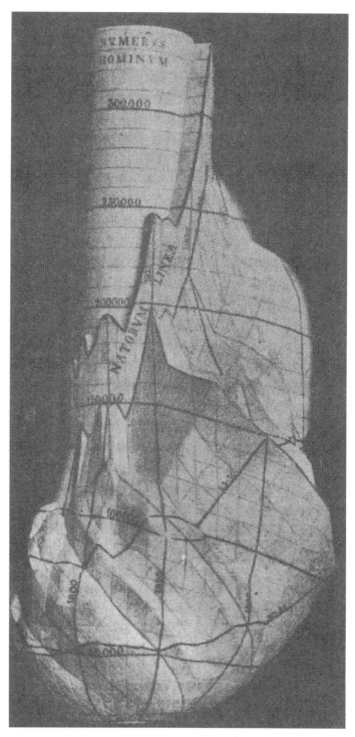

Pervers enfin comme cette sorte de demi-cylindre blanc irrégulier...

chose comme une grosse sauterelle verte, mais il est indiscutable qu'a la transposition, qu'á l'intense fixation, qu'au passage autrement inexplicable d'une image de ce genre du plan de la remarque sans intérêt au plan émotif concourent au premier chef l'évocation de certains épisodes des *Détraquées* et le retour á ces conjectures dont je pariais. La production des images de rêve dépendant toujours au moins de ce *double jeu de glaces*, il y a là l'indication du rôle très spécial, sans doute éminemment révélateur, au plus haut degré « surdéterminant » au sens freudien[41], que sont appelées á jouer certaines impressions très fortes, nullement contaminables de moralité, vraiment ressenties « par-delà le bien et le mal[42] » dans le rêve et, par suite, dans ce qu'on lui oppose très sommairement sous le nom de réalité.)

Le pouvoir d'incantation* que Rimbaud exerça sur moi vers 1915

* Rien de moins, le mot incantation doit être pris au pied de la lettre. Pour moi le monde extérieur composait á tout instant avec son monde qui, mieux même, sur lui faisait grille : sur mon parcours quotidien á la lisière d'une ville qui était Nantes, s'instauraient avec le sien, ailleurs, de fulgurantes correspondances. Un angle de villas, leur avancée de jardins je les « reconnaissais » comme par son œil, des créatures apparemment bien vivantes une seconde plus tôt glissaient tout á coup dans son sillage, etc. (T.V. d. A, 1962)

et qui, depuis lors, s'est quintessencié en de rares poèmes tels que *Dévotion*[43] est sans doute á cette époque, ce qui m'a valu, un jour où je me promenais seul sous une pluie battante, de rencontrer une jeune fille la première á m'adresser la parole, qui, sans préambule, comme nous faisions quelques pas, s'offrit á me réciter un des poèmes qu'elle préférait: *Le Dormeur du Val*. C'était si inattendu, si peu de saison. Tout récemment encore, comme un dimanche, avec un ami, je m'étais rendu au « marché aux puces » de Saint-Ouen (j'y suis souvent, en quête de ces objets qu'on ne trouve nulle

---

[41] « Surdéterminant» au sens freudien: Freud veut dire que chacun des éléments du rêve est au « carre-four » de plusieurs réseaux de signification.
[42] Par-delà le bien et le mal: titre d'un ouvrage de Nietzsche (1886) et qui indique ici que, par le rêve, le « moi » peut s'exprimer sans la contrainte de la morale.
[43] Dévotion : poème extrait des illuminations.

part ailleurs, démodés, fragmentés, inutilisables, presque incompréhensibles, pervers enfin au sens où je l'entends et où je l'aime, comme par exemple cette sorte de demi cylindre blanc irrégulier, verni, présentant des reliefs et des dépressions sans signification pour moi, strié d'horizontales et de verticales rouges et vertes, précieusement contenu dans un écrin, sous une devise en langue italienne, que j'ai ramené chez moi et dont á bien l'examiner j'ai fini par admettre qu'il ne correspond qu'a la statistique, établie dans les trois dimensions, de la population d'une ville de telle á telle année, ce qui pour cela ne me le rend pas plus lisible), notre attention s'est portée simultané- ment sur un exemplaire très frais des *Œuvres complètes* de Rimbaud, perdu dans un très minée étalage de chiffons, de photographies jaunies du siécle dernier, de livres sans valeur et de cuillers en fer. Bien m'en prend de le feuilleter, le temps d'y découvrir deux feuillets inter- calés : l'un copie á la machine d'un poème de forme libre, l'autre notation au crayon de réflexions sur Nietzsche. Mais celle qui veille assez distraitement tout près ne me laisse pas le temps d'en apprendre davantage. L'ouvrage n'est pas á vendre, les documents qu'il abrite lui appartiennent. C'est encore une jeune fille, très rieuse. Elle continué á parler avec beaucoup d'animation á quelqu'un qui paraît étre un ouvrier qu'elle connaît et qui l'écoute, semble- t-il, avec ravissement. A notre tour, nous engageons la conversation avec elle. Très cultivée, elle ne fait aucune difficulté á nous entretenir de ses goûts littéraires qui la portent vers Shelley, Nietzsche et Rimbaud. Spontanément, elle nous parle même des surréalistes, et du *Paysan de Paris*[44] de Louis Aragón qu'elle n'a pu lire jusqu'au bout, les variations sur le mot Pessimisme[45] l'ayant arrêtée. Dans tous ses propos passe une grande

---

[44] Le Paysan de Paris: œuvre d'Aragon (1926) où l'on sent la fascination des surréalistes pour la poésie de la ville.
[45] Les variations sur le mot Pessimisme:
PESSIMISME
Et ça gémit de gauche á droite :
PESSIMISME — PESSIMISME — PESIMISME
PESIMISME — PESSMISME — PESIISME
PESSIMSME — PESSIMIME — PESSIMISE

foi révolutionnaire. Très volontiers, elle me confie le poème d'elle que j'avais entrevu et y joint quelques autres de non moindre intérêt. Elle s'appelle Fanny Beznos[46].

Je me souviens aussi de la suggestion en manière de jeu faite un jour á une dame, devant moi, d'offrir á la « Centrale Surréaliste », un des étonnants gants bleu ciel qu'elle portait pour nous faire visite á cette « Centrale », de ma panique quand je la vis sur le point d'y consentir, des supplications que je lui adressai pour qu'elle n'en fît rien. Je ne sais ce qu'alors il put y avoir pour moi de redoutable-ment, de merveilleusement décisif dans la pensée de ce gant quit-tant pour toujours cette main. Encore cela ne prit-il ses plus grandes, ses véritables proportions, je veux dire celles que cela a gardées, qu'á partir du moment où cette dame projeta de revenir poser sur la table, á l'endroit où j'avais tant espéré qu'elle ne laisse-rait pas le gant bleu, un gant de bronze qu'elle possédait et que de-puis j'ai vu chez elle, gant de femme aussi, au poignet plié, aux doigts sans épaisseur, gant que je n'ai jamais pu m'empêcher de sou-lever, surpris toujours de son poids et ne tenant á rien tant, semble-t-il, qu'à mesurer la forcé exacte avec laquelle il appuie sur ce quoi l'autre n'eût pas appuyé.

PESSIMISM — PESSIMISME
(Aragón, Le Paysan de Paris, Folio, n° 782, p. 62).

[46] A repasser de-ci de-là sous mes yeux certaines de ces notations me déçoivent tout le premier : que pouvais-je bien en attendre au juste ? C'est que le surréalisme se cherchait encore, était assez loin de se cerner lui-même en tant que conception du monde. Sans pouvoir préjuger du temps qu'il avait devant lui, il avançait á tâtons et sans doute savourait avec trop de complaisance les prémices de son rayonnement. Sans fuseau d'ombre, pas de fuseau de lumière. (TV. d. A., 1962.)

Gant de femme aussi...

IL n'y a que quelques jours, Louis Aragón me faisait observer que l'enseigne d'un hôtel de Pourville, qui porte en caractères rouges les mots : MAISON ROUGE, était composée en tels caractères et disposée de telle façon que, sous une certaine obliquité, de la route, « MAISON » s'effaçait et « ROUGE » se lisait « POLICE »*. Cette illusion d'optique n'aurait aucune importance si le même jour, une ou deux heures plus tard, la dame que nous appellerons la dame au gant ne m'avait mené devant un tableau changeant comme je n'en avais jamais vu, et qui entrait dans l'ameublement de la maison qu'elle venait de louer. C'est une gravure ancienne qui, vue de face, représente un tigre, mais qui, cloisonnée perpendiculairement á sa surface de petites bandes verticales fragmentant elles-mêmes un autre sujet, représente, pour peu qu'on s'éloigne de quelques pas vers la gauche, un vase, de quelques pas vers la droite, un ange[47]. Je signale, pour finir, ces deux faits parce que pour moi, dans ces conditions, leur rapprochement était inévitable et parce qu'il me parait tout particulièrement impossible d'établir de l'un á l'autre une corrélation rationnelle.

---

[47] Un ange : on est proche ici de la « paranoïa critique » de Dali: l'oeuvre d'art, mais aussi certains éléments de la réalité, doit donner lieu á des « associations et interprétations délirantes » (Dali, cité dans le Dictionnaire abrégé du surréalisme de 1938 écrit par Breton en collabo- ration avec Eluard).

* « Sous une certaine obliquité »: le rapprochement tout fortuit des deux mots mis en cause devra attendre quelques années pour imposer, lors de certains « procès[48]», l'évidence de leur collusion, au plus haut point dramatique. La bête qui va se montrer de face aux lignes sui- vantes est, en effet, celle que la convention publique donne pour « altérée de sang ». — Que ce soit précisément cet index qui se pointe sur l'enseigne de Pourville ne va pas, á distance, sans une assez cruelle ironie. (N. d. A., 1962.)

J'espère, en tout cas, que la présentation d'une série d'observations de cet ordre et de celle qui va suivre sera de nature á précipiter quelques hommes dans la rué, après leur avoir fait prendre conscience, sinon du néant, du moins de la grave insuffisance de tout calcul soi-disant rigoureux sur eux-mêmes, de toute action qui exige une application suivie, et qui a pu étre préméditée. Autant en emporte le vent du moindre fait qui se produit, s'il est vraiment imprévu. Et qu'on ne me parle pas, après cela, du travail, je veux dire de la valeur morale du travail. Je suis contraint d'accepter l'idée du travail comme nécessité matérielle, á cet égard je suis on ne peut plus favorable á sa meilleure, á sa plus juste répartition. Que les sinistres obligations de la vie me l'imposent, soit, qu'on me demande d'y croire, de révérer le mien ou celui des autres, jamais. Je préfère, encore une fois, marcher dans la nuit á me croire celui qui marche dans le jour. Rien ne sert d'être vivant, le temps qu'on travaille. L'événement dont chacun est en droit d'attendre la révélation du sens de sa propre vie, cet événement que peut-être je n'ai pas encore trouvé mais sur la voie duquel je me cherche, *n'est pas au prix du travail*. Mais j'anticipe, car c'est peut-être la, par-dessus tout, ce qu'a son temps m'a fait comprendre et ce qui justifie, sans plus tarder ici, l'entrée en scène de Nadja.

Enfin voici que la tour du Manoir d'Ango saute, et que toute une neige de plumes, qui tombe de ses colombes, fond en touchant le sol de la grande cour naguère empierrée de débris de tuiles et maintenant couverte de vrai sans.

---

[48] Lors de certains «procès » : Breton fait allusion aux procès de l'époque stalinienne.

(Photo J.-A. Boiffard)

La librairie de L'Humanité...

Le 4 octobre dernier*, á la fin d'un de ces après-midi tout á fait désœuvrés et très mornes, comme j'ai le secret d'en passer, je me trouvais rué Lafayette : après m'étre arrêté quelques minutes devant la vitrine de la librairie de *L'Humanité* et avoir fait l'acquisition du dernier ouvrage de Trotsky[49], sans but je poursuivais ma route dans la direction de l'Opéra.

* On est en 1926. (N. d. A., 1962.)

Les bureaux, les ateliers commençaient á se vider, du haut en bas des maisons des portes se fermaient, des gens sur le trottoir se serraient la main, il commençait tout de même á y avoir plus de monde. J'observais sans le vouloir des visages, des accoutrements, des allures. Allons, ce n'étaient pas encore ceux-là qu'on trouverait prêts á faire la Révolution. Je venais de traverser ce carrefour dont j'oublie ou ignore le nom, la, devant une église. Tout á coup, alors qu'elle est peut-être encore á dix pas de moi, venant en sens inverse, je vois une jeune femme, très pauvrement vêtue, qui, elle aussi, me voit ou m'a vu. Elle va la té te haute, contrairement á tous les autres passants. Si frêle qu'elle se pose á peine en marchant. Un sourire imperceptible erre peut-être sur son visage. Curieusement fardée, comme quelqu'un qui, ayant commencé par les yeux, n'a pas eu le temps de finir, mais le bord des yeux si noir pour une blonde. Le bord, nullement la paupière (un tel éclat s'obtient et s'obtient seulement si l'on ne passe avec soin le crayon que sous la paupière. IL est intéressant de noter, á ce propos, que Blanche Derval, dans le rôle de Solange, même vue de très près, ne paraissait en rien maquillée. Est-ce á dire que ce qui est très faiblement permis dans la rué mais est recommandé au théâtre ne vaut á mes yeux qu'autant qu'il est passé outre á ce qui est défendu dans un cas, ordonné dans l'autre ? Peut-être). Je n'avais jamais vu de tels yeux. Sans hésitation j'adresse la parole á l'inconnue, tout en m'attendant, j'en conviens du reste, au pire. Elle sourit, mais très mystérieusement, et, dirai-je, comme en *connaissance de cause*, bien qu'alors je n'en puisse rien

---

[49] Trotsky: Breton s'est toujours senti proche de cet homme politique russe (1879-1940) écarté du pouvoir par Staline. 11 le rencontrera au Mexique en 1938.

croire. Elle se rend, prétend-elle, chez un coiffeur du boulevard Magenta[50] (je dis : prétend-elle, parce que sur l'instant j'en doute et qu'elle devait reconnaître par la suite qu'elle allait sans but aucun). Elle m'entretient bien avec une certaine insistance de difficultés d'argent qu'elle éprouve, mais ceci, semble-t-il, plutôt en manière d'excuse et pour expliquer l'assez grand dénuement de sa mise. Nous nous arrêtons á la terrasse d'un café proche de la gare du Nord. Je la regarde mieux. Que peut-il bien passer de si extraordinaire dans ces yeux ? Que s'y mire-t-il á la fois obscurément de détresse et lumineusement d'orgueil ? C'est aussi l'énigme que pose le début de confession[51] que, sans m'en demander davantage, avec une confiance qui pourrait (ou bien qui ne pourrait ?) être mal placée elle me fait. A Lille, ville dont elle est originaire et qu'elle n'a quittée qu'il y a deux ou trois ans, elle a connu un étudiant qu'elle a peut-être aimé, et qui l'aimait. Un beau jour, elle s'est résolue á le quitter alors qu'il s'y attendait le moins, et cela « de peur de le gêner ». C'est alors qu'elle est venue á Paris, d'où elle lui a écrit á des intervalles de plus en plus longs sans jamais lui donner son adresse. A près d'un an de la, cependant, elle l'a rencontré par hasard : tous deux ont été très surpris. Lui prenant les mains, il n'a pu s'empêcher de dire combien il la trouvait changée et, posant son regard sur ces mains, s'est étonné de les voir si soignées (elles ne le sont guère maintenant). Machinalement alors, á son tour, elle a regardé l'une des mains qui tenaient les siennes et n'a pu réprimer un cri en s'apercevant que les deux derniers doigts en étaient inséparablement joints. « Mais tu t'es blessé ! » IL fallut absolument que le jeune homme lui montrât son autre main, qui présentait la même malformation. Là-dessus, très émue, elle m'interroge longue- ment: « Est-ce possible ? Avoir vécu si longtemps avec un être, avoir eu toutes les occasions possibles de l'observer, s'être attachée á découvrir ses moindres particularités physiques ou autres, pour enfin si mal le

---

[50] Boulevard Magenta : de façon significative, sur la photographie de la page 103, l'enseigne au coiffeur est surmontée de l'inscription « Sphinx Hôtel ».

[51] L'énigme que pose le début de confession : l'assimilation de Nadja á un sphinx se précise.

connaître, pour ne pas même s'être aperçue de cela ! Vous croyez... vous croyez que l'amour peut faire de ces choses ? Et lui qui a été si fâché, que voulez- vous, je n'ai pu ensuite que me taire, ces mains... Il a dit alors quelque chose que je ne comprends pas, où il y a un mot que je ne comprends pas, il a dit: "Gribouille[52] ! Je vais retourner en Alsace-Lorraine. Il n'y a que la que les femmes sachent aimer." Pourquoi : Gribouille ? Vous ne savez pas ? » Comme on pense je réagis assez vivement: « N'importe. Mais je trouve odieuses ces généralités sur l'Alsace-Lorraine, á coup sûr cet indi- vidu était un bel idiot, etc. Alors il est parti, vous ne l'avez plus revu ? Tant mieux. » Elle me dit son nom, celui qu'elle s'est choisi : « Nadja, parce qu'en russe c'est le commencement du mot espérance, et parce que ce n'en est que le commencement. » Elle vient seule- ment de songer á me demander qui je suis (au sens très restreint de ces mots). Je le lui dis. Puis elle revient encore á son passé, me parle de son père, de sa mère. Elle s'attendrit surtout au souvenir du pre- mier : « Un homme si faible ! Si vous saviez comme il a toujours été faible. Quand il était jeune, voyez-vous, presque rien ne lui était refusé. Ses parents, très bien. Il n'y avait pas encore d'auto- mobiles mais tout de même une belle voiture, le cocher... Avec lui tout a vite fondu, par exemple. Je T'aime tant. Chaque fois que je pense á lui, que je me dis á quel point il est faible... Oh ! mère, ce n'est pas la même chose. C'est une bonne femme, voilà, comme on dit vul- gairement, une bonne femme. Pas du tout la femme qu'il aurait fallu á mon père. Chez nous, bien sûr tout était très propre, mais lui, comprenez-vous, il n'était pas fait pour la voir, quand il rentrait, en tablier. C'est vrai qu'il trouvait une table servie, ou qu'il était bien temps de servir, il ne trouvait pas ce qu'on appelle (avec une ex- pression ironique de convoitise et un geste amusant) une table dres- sée. Mère, je l'aime bien, pour rien au monde je ne voudrais lui faire de la peine. Ainsi, quand je suis venue á Paris, elle savait que j'avais un mot de recommandation pour les sœurs de Vaugirard. Naturel- lement, je ne m'en suis jamais servie. Mais, chaque fois que je lui

---

[52] Gribouille: personne naïve.

écris, je termine ma lettre par ces mots : "J'espère te voir bientôt", et j'ajoute : "si Dieu le veut, comme dit sœur..." ici un nom quelconque. Et elle, alors, qui doit être contente ! Dans les lettres que je reçois d'elle, ce qui me touche le plus, ce pourquoi je donnerais tout le reste, c'est le post-scriptum. Elle éprouve en effet toujours le besoin d'ajouter : "Je me demande ce que tu peux faire á Paris." Pauvre mère, si elle savait ! » Ce que Nadja fait á Paris, mais elle se le demande. Oui, le soir, vers sept heures, elle aime á se trouver dans un compartiment de seconde du métro. La plupart des voyageurs sont des gens qui ont fini leur travail. Elle s'assied parmi eux, elle cherche á sur- prendre sur leurs visages ce qui peut bien faire l'objet de leur préoccupation. Ils pensent forcément á ce qu'ils viennent de laisser jusqu'á demain, seulement jusqu'á demain, et aussi á ce qui les attend ce soir, qui les déride ou les rend encore plus soucieux. Nadja fixe quelque chose en l'air : « IL y a de braves gens. » Plus ému que je ne veux le paraitre, cette fois je me fâche : « Mais non. IL ne s'agit d'ailleurs pas de cela. Ces gens ne sauraient être intéressants dans la mesure où ils supportent le travail, avec ou non toutes les autres misères. Comment cela les élèverait-il si la révolte n'est pas en eux la plus forte ? A cet instant, vous les voyez, du reste, ils ne vous voient pas. Je hais, moi, de toutes mes forces, cet asservissement qu'on veut me faire valoir. Je plains l'homme d'y être condamné, de ne pouvoir en général s'y sous- traire, mais ce n'est pas la dureté de sa peine qui me dispose en sa faveur, c'est et ce ne saurait être que la vigueur de sa protestation. Je sais qu'á un four d'usine, ou devant une de ces machines inexorables qui imposent tout le jour, á quelques secondes d'intervalle, la répétition du même geste, ou partout ailleurs sous les ordres les moins acceptables, ou en cellule, ou devant un peloton d'exécution, on peut encore se sentir libre mais ce n'est pas le martyre qu'on subit qui crée cette liberté. Elle est, je le veux bien, un désenchaînement perpétuel : encore pour que ce désenchaînement soit possible, constamment possible, faut-il que les chaînes ne nous écrasent pas, comme elles font de beaucoup de ceux dont vous parlez. Mais elle est aussi, et peut-être humainement bien davantage, la plus ou moins longue mais la merveilleuse suite de pas qu'il est permis á l'homme de faire désenchaîné. Ces pas, les sup- posez-vous capables de les faire ? En ont-ils le temps, seulement ? En ont-ils le cœur ? De braves gens, disiez-vous, oui, braves comme ceux qui se sont fait tuer á la guerre[53], n'est-ce pas ? Tranchons-en, des héros : beaucoup de malheureux et quelques pauvres imbéciles. Pour moi, je l'avoue, ces *pas* sont tout. Où vont- ils, voilà la véritable question. Ils finiront bien par dessiner une route et sur cette route, qui sait si n'apparaîtra pas le moyen de désenchaîner ou d'aider á se désenchaîner ceux qui n'ont pu suivre ? C'est seulement alors qu'il conviendra de s'attarder un peu, sans toutefois revenir en arrière. » (On voit assez ce que je peux dire á ce sujet, pour peu surtout que je m'avise den traiter de manière concrète.) Nadja m'écoute et ne cherche pas á me contredire. Peut-être n'a- t-elle rien moins voulu faire que l'apologie du travail. Elle vient á me parler de sa santé, très compromise. Le médecin qu'elle a consulté et qu'elle avait, au prix de tout l'argent qui lui restait, choisi tel qu'elle pût s'y fier, lui a prescrit de partir immédiatement pour le Mont-Dore[54]. Cette idée l'enchante, en raison de ce qu'un tel voyage a pour elle d'irréalisable. Mais elle s'est persuadée qu'un travail manuel suivi supplée- rait en quelque sorte á la cure qu'elle ne peut faire. C'est dans cet esprit qu'elle a cherché á s'employer dans la boulangerie, voire la char- cuterie, où, comme elle en juge de façon purement poétique, il lui parait y avoir plus de garanties qu'ailleurs de se bien porter. Partout on lui a offert des salaires dérisoires. Il est arrivé aussi qu'avant de lui donner réponse on la regardât á deux fois. Un patron boulanger qui lui promettait dix-sept francs par jour, après avoir de nouveau levé les yeux sur elle, s'est repris : dix-sept ou dix-huit. Très enjouée : « Je lui ai dit: dix-sept, oui ; dix-huit, non. » Nous voici, au hasard de nos pas, rué du Fau- bourg-Poissonnière. Autour de nous on se hâte, c'est l'heure de dîner. Comme je veux prendre congé d'elle, elle demande qui

---

[53] Á la guerre: de 14-18. On ne comprend pas le surréalisme sans prendre en considération le choc qu'a provoqué cette guerre sur toute une génération.
[54] Le Mont-Dore: station thermale d'Auvergne.

m'attend. « Ma femme. —Marié ! Oh ! alors... » et, sur un autre ton très grave, très recueilli : « Tant pis. Mais... et cette grande idée ? J'avais si bien commencé tout á l'heure á la voir. C'était vraiment une étoile, une étoile vers laquelle vous alliez. Vous ne pouviez manquer d'arriver á cette étoile. A vous entendre parler, je sentais que rien ne vous en empêcherait: rien, pas même moi... Vous ne pourrez jamais voir cette étoile comme je la voyais. Vous ne comprenez pas : elle est comme le cœur d'une fleur sans cœur. » Je suis extrêmement ému. Pour faire diversion je demande où elle dîne. Et soudain cette légèreté que je n'ai vue qu'à elle, cette liberté peut-être précisément: « Où ? (le doigt tendu :) mais là, ou la (les deux restaurants les plus proches), où je suis, voyons. C'est toujours ainsi. » Sur le point de m'en aller, je veux lui poser une question qui résume toutes les autres, une question qu'il n'y a que moi pour poser, sans doute, mais qui, au moins une fois, a trouvé une réponse á sa hauteur : « Qui êtes-vous ? » Et elle, sans hésiter : « Je suis lame errante. » Nous convenons de nous revoir le lendemain au bar qui fait l'angle de la rue Lafayette et du faubourg Poissonnière. Elle aimerait lire un ou deux livres de moi et y tiendra d'autant plus que sincèrement je mets en doute l'intérêt qu'elle peut y prendre. La vie est autre que ce qu'on écrit. Quelques instants encore elle me retient pour me dire ce qui la touche en moi. C'est, dans ma pensée, dans mon langage, dans toute ma manière d'être, parait-il, et c'est là un des compliments auxquels j'ai été de ma vie le plus sensible, la simplicité.

5 octobre. - Nadja, arrivée la première, en avance, n'est plus la même. Assez élégante, en noir et rouge, un très seyant chapeau qu'elle enlève, découvrant ses cheveux d'avoine qui ont renoncé á leur incroyable désordre, elle porte des bas de soie et est parfaitement chaussée. La conversation est pourtant devenue plus difficile et commence par ne pas aller, de sa part, sans hésitations. Cela jusqu'á ce qu'elle s'empare des livres que j'ai apportés (Les Pas perdus, Manifesté du surréalisme) : « Les Pas perdus ? Mais il n'y en a pas.

» Elle feuillette l'ouvrage avec grande curiosité. Son attention se fixe sur un poème de Jarry[55] qui y est cité :

Parmi les bruyères, pénil des menhirs...

Loin de la rebuter, ce poème, qu'elle lit une première fois assez vite, puis qu'elle examine de très près, semble vivement l'émouvoir. A la fin du second quatrain, ses yeux se mouillent et se remplissent de la vision d'une forêt. Elle voit le poète qui passe près de cette forêt, on dirait que de loin elle peut le suivre : « Non, il tourne autour de la forêt. Il ne peut pas entrer, il n'entre pas. » Puis elle le père et revient au poème, un peu plus haut que le point où elle l'a laissé, interrogeant les mots qui la surprennent le plus, donnant á chacun le signe d'intelligence, d'assentiment exact qu'il réclame.

Chasse de leur acier la martre et l'hermine.

«De leur acier? La martre... et l'hermine. Oui, je vois : les gîtes coupants, les rivières froides : De leur acier. » Un peu plus bas :

En mangeant le bruit des hannetons,

C'havann

(Avec effroi, fermant le livre :) « Oh ! ceci, c'est la mort! »

Le rapport de couleurs entre les couvertures des deux volumes l'étonne et la séduit. Il paraît qu'il me « va ». Je l'ai sûrement fait

---

[55] Poème de Jarry:

Parmi les bruyères, pénil des menhirs,
Selon un pourboire, le sourd-muet qui rodé
Autour du trou du champ des os des martyrs
TSte avec sa lanterne au bout d'une corde.
Sur les flots de carmin, le vent souffle cor
La licorne de mer par la lande oscille.
L'ombre des spectres d'os, que la lune apporte,
Chasse de leur acier la martre et l'hermine.
Contre le chêne á forme humaine, elle a ri,
En mangeant le bruit des hannetons, C'havann,
Et s'ébouriffe, oursin, loin sur un rocher.
Le voyageur marchant sur son ombre écrit,
Sans attendre que le ciel marque minuit
Sous le batail de plumes la pierre sonne.

(Les Jours et Jes Nuits.)

exprès (quelque peu). Puis elle me parle de deux amis qu'elle a eus : l'un, á son arrivée á Paris, qu'elle désigne habituellement sous le nom de « Grand ami », c'est ainsi qu'elle l'appelait et il a toujours voulu qu'elle ignorât qui il était, elle montre encore pour lui une immense vénération, c'était un homme de près de soixante- quinze ans, qui avait longtemps séjourné aux colonies, il lui a dit en partant qu'il retournait au Sénégal ; l'autre, un Américain, qui semble lui avoir inspiré des sentiments très différents : « Et puis, il m'appelait Lena, en souvenir de sa fille qui était morte. C'est très affectueux, très touchant, n'est-ce pas ? Pourtant il m'arrivait de ne plus pouvoir supporter d'être appelée ainsi, comme en rêvant: Lena, Lena... Alors je passais plusieurs fois la main devant ses yeux, très prés de ses yeux, comme ceci, et je disais : Non, pas Lena, Nadja. » Nous sortons. Elle me dit encore : « Je vois chez vous. Votre femme. Brune, naturellement. Petite. Jolie. Tiens, il y a près d'elle un chien. Peut-être aussi, mais ail- leurs, un chat (exact). Pour l'instant, je ne vois rien d'autre. » Je me dispose á rentrer chez moi, Nadja m'accompagne en taxi. Nous demeurons quelque temps silencieux, puis elle me tutoie brusquement: « Un jeu : Dis quelque chose. Ferme les yeux et dis quelque chose. N'importe, un chiffre, un prénom. Comme ceci (elle ferme les yeux) : Deux, deux quoi ? Deux femmes. Comment sont ces femmes ? En noir. Où se trouvent-elles ? Dans un parc... Et puis, que sont-elles ? Allons, c'est si facile, pourquoi ne veux-tu pas jouer ? Eh bien, moi, c'est ainsi que je me parle quand je suis seule, que je me raconte toutes sortes d'histoires. Et pas seulement de vaines histoires : c'est même entièrement de cette façon que je vis*. » Je la quitte á ma porte : « Et moi, maintenant ? Où aller ? Mais il est si simple de descendre lentement vers la rue Lafayette, le faubourg Poissonnière, de commencer par revenir á l'endroit même où nous étions. »

---

* Ne touche-t-on pas là au terme extrême de l'aspiration surréaliste, á sa plus forte idée limite? (N. d. A.)

A la Nouvelle France...

6 octobre. - De manière á n'avoir pas trop á flâner je sors vers quatre heures dans l'intention de me rendre á pied á « la Nouvelle France » où je dois rejoindre Nadja á cinq heures et demie. Le temps d'un détour par les boulevards jusqu'á l'Opéra, où m'appelle une course brève. Contrairement á l'ordinaire, je choisis de suivre le trottoir droit de la rué de la Chaussée-d 'Antin. Une des premières passantes que je m'apprête á croiser est Nadja, sous son aspect du premier jour. Elle s'avance comme si elle ne voulait pas me voir. Comme le premier jour, je reviens sur mes pas avec elle. Elle se montre assez incapable d'expliquer sa présence dans cette rué où, pour faire trêve á de plus longues questions, elle me dit étre á la recherche de bonbons hollandais. Sans y penser, déjà nous avons fait demi-tour, nous entrons dans le premier café venu. Nadja observe envers moi certaines distances, se montre même soupçonneuse. C'est ainsi qu'elle retourne mon chapeau, sans doute pour y lire les initiales de la coiffe, bien qu'elle prétende le faire machinalement, par habitude de déterminer á leur insu la nationalité de certains hommes. Elle avoue qu'elle avait l'intention de manquer le

rendez-vous dont nous avions convenu. J'ai observé en la rencontrant qu'elle tenait á la main l'exemplaire des *Pas perdus* que je lui ai prêté. Il est maintenant sur la table et, á en apercevoir la tranche, je remarque que quelques feuillets seulement en sont coupés. Voyons : ce sont ceux de l'article intitulé : « L'esprit nouveau », où est relatée précisément une rencontre frappante, faite un jour, á quelques minutes d'intervalle, par Louis Aragón, par André Derain[56] et par moi. L'indécision dont chacun de nous avait fait preuve en la circonstance, l'embarras où quelques instants plus tard, á la même table, nous mit le souci de comprendre á quoi nous venions d'avoir affaire, l'irrésistible appel qui nous porta, Aragón et moi, á revenir aux points mêmes où nous était apparu ce véritable sphinx sous les traits d'une charmante jeune femme allant d'un trottoir á l'autre interroger les passants, ce sphinx qui nous avait épargnés l'un après l'autre et, á sa recherche, de courir le long de toutes les lignes qui, même très capricieusement, peuvent relier ces points - le manque de résultats de cette poursuite que le temps écoulé eût dû rendre sans espoir, c'est á cela qu'est allée tout de suite Nadja. Elle est étonnée et déçue du fait que le récit des courts événements de cette journée m'ait paru pouvoir se passer de commentaires. Elle me presse de m'expliquer sur le sens exact que je lui attribue tel quel et, puisque je l'ai publié, sur le degré d'objectivité que je lui prête. Je dois répondre que je n'en sais rien, que dans un tel domaine le droit de constater me paraît étre tout ce qui est permis, que j'ai été la première victime de cet abus de confiance, si abus de confiance il y a, mais je vois bien qu'elle ne me tient pas quitte, je lis dans son regard l'impatience, puis la consternation. Peut-être s'imagine-t-elle que je mens : un assez grand gène continué á régner entre nous. Comme elle parle de rentrer chez elle, j'offre de la reconduire. Elle donne au chauffeur l'adresse du Théâtre des Arts qui, me dit-elle, se trouve á quelques pas de la maison qu'elle habite. En chemin, elle me dévisage longuement, en silence. Puis ses yeux se ferment et s'ouvrent très vite comme lorsqu'on se trouve en présence

---

[56] André Derain : peintre français (1880-1954), un des créateurs du fauvisme.

de quelqu'un qu'on n'a plus vu depuis long- temps, ou qu'on ne s'attendait plus á revoir et comme pour signifier qu'on « ne les en croit pas ». Une certaine lutte parait aussi se pour- suivre en elle, mais tout á coup elle s'abandonne, ferme tout á fait les yeux, offre ses lèvres... Elle me parle maintenant de mon pou- voir sur elle, de la faculté que j'ai de lui faire penser et faire ce que je veux, peut-être plus que je ne crois vouloir. Elle me supplie, par ce moyen, de ne rien entreprendre contre elle. Il lui semble qu'elle n'a jamais eu de secret pour moi, bien avant de me connaître. Une courte scène dialoguée, qui se trouve á la fin de « Pois- son soluble », et qui parait étre tout ce qu'elle a lu du Manifeste, scène á laquelle, d'ailleurs, je n'ai jamais su attribuer de sens précis et dont les personnages me sont aussi étrangers, leur agitation aussi ininterprétable que possible, comme s'ils avaient été apportés et remportés par un flot de sable, lui donne l'impression d'y avoir participé vraiment et même d'y avoir joué le rôle, pour le moins obscur, d'Hélène*. Le lieu, l'atmosphère, les attitudes respectives des acteurs étaient bien ce que j'ai conçu. Elle voudrait me montrer « où cela se passait » : je propose que nous dînions ensemble.

* Je n'ai connu personnellement aucune femme de ce nom, qui de tout temps m'a ennuyé et paru fade comme de tout temps celui de Solange m'a ravi. Pourtant, Mme Sacco, voyante, 3, rué des Usines, qui ne s'est jamais trompée á mon sujet, m'assurait, au début de cette année, que ma pensée était grandement occupée d'une « Hélène ». Est-ce pourquoi, á quelque temps de là, je me suis si fort intéressé á tout ce qui concerne Hélène Smith[57] ? La conclusion á en tirer serait de l'ordre de celle que m'a imposée précédemment la fusion dans un rêve de deux images très éloignées l'une de l'autre. « Hélène, c'est moi », disait Nadja. (N. d. A.)

Une certaine confusion a dû s'établir dans son esprit car elle nous fait conduire, non dans l'île Saint- Louis, comme elle le croit, mais place Dauphine où se situé, chose curieuse, un autre épisode de « Poisson soluble[58] » : « Un baiser est si vite oublié. » (Cette place Dauphine est bien un des lieux les plus profondément retiras que je connaisse, un des pires terrains vagues qui soient á Paris. Chaque

---

[57] Hélène Smith (1861-1920): célèbre médium du début du siécle.
[58] Poisson soluble : recueil de textes automatiques écrits par André Breton en 1924.

fois que je m'y suis trouvé, j'ai senti m'abandonner peu á peu l'envie d'aller ailleurs, il m'a fallu argumenter avec moi-même pour me dégager d'une étreinte très douce, trop agréablement insistante et, á tout prendre, brisante. De plus, j'ai habité quelque temps un hôtel jouxtant cette place, « City Hôtel », où les allées et venues á toute heure, pour qui ne se satisfait pas de solutions trop simples, sont suspectes.) Le jour baisse. Afin d'être seuls, nous nous faisons servir dehors par le marchand de vins. Pour la première fois, durant le repas, Nadja se montre assez frivole. Un ivrogne ne cesse de rôder autour de notre table. Il prononce très haut des paroles incohérentes, sur le ton de la protestation. Parmi ces paroles reviennent sans cesse un ou deux mots obscènes sur lesquels il appuie. Sa femme, qui le surveille de sous les arbres, se borne á lui crier de temps á autre : « Allons, viens-tu ? » J'essaie á plusieurs reprises de l'écarter, mais en vain. Comme arrive le dessert, Nadja commence á regardé autour d'elle. Elle est certaine que sous nos pieds passe un souterrain qui vient du Palais de justice (elle me montre de quel endroit du Palais, un peu á droite du perron blanc) et contourne l'hôtel Henri-IV. Elle se trouble á l'idée de ce qui s'est déjà passé sur cette place et de ce qui s'y pas- sera encore. Où ne se perdent en ce moment dans l'ombre que deux ou trois couples, elle semble voir une foule. « Et les morts, les morts ! » L'ivrogne continué á plaisanter lugubrement. Le regard de Nadja fait maintenant le tour des maisons. « Vois-tu, là-bas, cette fenêtre ? Elle est noire, comme toutes les autres. Regarde bien. Dans une minute elle va s'éclairer. Elle sera rouge. » La minute passe. La fenêtre s'éclaire. Il y a, en effet, des rideaux rouges.

Mme Sacco, voyante, 3, rué des Usines...

(Je regrette, mais je n'y puis rien, que ceci passe peut-être les limites de la crédibilité. Cependant, á pareil sujet, je m'en voudrais de pren- dre parti : je me borne á convenir que de noire, cette fenêtre est alors devenue rouge, c'est tout.) J'avoue qu'ici la peur me prend, comme aussi elle commence á prendre Nadja. « Quelle horreur ! Vois-tu ce qui passe dans les arbres ? Le bleu et le vent, le vent bleu. Une seule autre fois j'ai vu sur ces mêmes arbres passer ce vent bleu. C'était là, d'une fenêtre de l'hôtel Henri-IV*, et mon ami, le second dont je t'ai parlé, allait partir. Il y avait aussi une voix qui disait: Tu mourras, tu mourras. Je ne voulais pas mourir mais j'éprouvais un tel vertige... Je serais certainement tombée si l'on ne m'avait retenue. » Je crois qu'il est grand temps de quitter ces lieux. Le long des quais, je la sens toute tremblante. C'est elle qui a voulu revenir vers la Conciergerie. Elle est très abandonnée, très sûre de moi. Pourtant elle cherche quelque chose, elle tient absolument á ce que nous entrions dans une cour, une cour de commissariat quel- conque qu'elle explore rapidement.

* Lequel fait face á la maison dont il vient d'étre question, ceci toujours pour les amateurs de solutions faciles. (N. d. A.)

Nous nous faisons servir dehors par le marchand de vins...

Devant nous fuse un jet d'eau dont elle parait suivre la courbe...

« Ce n'est pas la... Mais, dis-moi, pourquoi dois-tu aller en prison ? Qu'auras-tu fait ? Moi aussi j'ai été en prison. Qui étais-je ? Il y a des siècles. Et toi, alors, qui étais-tu ? » Nous longeons de nouveau la grille quand tout á coup Nadja refuse d'aller plus loin. Il y a là, á droite, une fenêtre en contrebas qui donne sur le fossé, de la vue de laquelle il ne lui est plus possible de se détacher. C'est devant cette fenêtre qui a l'air condamnée qu'il faut absolument attendre, elle le sait. C'est de la que tout peut venir. C'est là que tout commence. Elle tient des deux mains la grille pour que je ne l'entraîne pas. Elle ne répond presque plus á mes questions. De guerre lasse, je finis par attendre que de son propre gré elle poursuive sa route. La pensée du souterrain ne l'a pas quittée et sans doute se croit-elle á l'une de ses issues. Elle se demande qui elle a pu étre, dans l'entourage de Marie- Antoinette. Les pas des promeneurs la font longuement tressaillir. Je m'inquiète, et, lui détachant les mains l'une après l'autre, je finis par la contraindre á me suivre. Plus d'une demi-heure s'est ainsi passée. Le pont traversé, nous nous dirigeons vers le Louvre. Nadja ne cesse d'être distraite. Pour la ramener á moi, je lui dis un poème de Baudelaire, mais les inflexions de ma voix lui causent une nouvelle frayeur, aggravée du souvenir qu'elle garde du baiser de tout á l'heure : « un baiser dans lequel il y a une menace ». Elle s'arrête encore, s'accoude á la rampe de pierre d'où son regard et le mien plongent dans le fleuve á cette heure étincelant de lumières : « Cette main, cette main sur la Seine, pourquoi cette main qui flambe sur l'eau ? C'est vrai que le feu et l'eau sont la même chose. Mais que veut dire cette main ? Comment l'interprètes-tu ? Laisse-moi donc voir cette main. Pourquoi veux-tu que nous nous en allions ? Que crains-tu ? Tu me crois très malade, n'est-ce pas ? Je ne suis pas malade. Mais qu'est-ce que cela veut dire pour toi : le feu sur l'eau, une main de feu sur l'eau ? (Plaisantant:) Bien sûr ce n'est pas la fortune : le feu et l'eau, c'est la même chose ; le feu et l'or c'est tout différent. » Vers minuit, nous voici aux Tuileries, où elle souhaite que nous nous asseyions un moment. Devant nous fuse un jet d'eau dont elle parait suivre la courbe. « Ce sont tes pensées et les miennes. Vois d'où elles partent toutes, jusqu'où elles s'élèvent et comme c'est encore plus joli quand elles retombent. Et puis aussitôt elles se fondent, elles sont reprises avec la même forcé, de nouveau c'est cet élancement brisé, cette chute... et comme cela indéfiniment. » Je m'écrie : « Mais, Nadja, comme c'est étrange ! Où prends-tu justement cette image qui se trouve exprimée presque sous la même forme dans un ouvrage que tu ne peux connaître et que je viens de lire ? » (Et je suis amené á lui expliquer qu'elle fait l'objet d'une vignette, en tête du troisième des *Dialogues entre Hylas et Philonous*, de Berkeley, dans l'édition de 1750, où elle est accompagnée de la légende : «*Urget aquas vis sursum eadem ttectit que deorsum*[59] », qui prend á la fin du livre, au point de vue de la défense de l'attitude idéaliste, une signification capitale.) Mais elle ne m'écoute pas, tout attentive qu'elle est au manège d'un homme qui passe á plu- sieurs reprises devant nous et qu'elle croit connaître, car ce n'est pas la première fois qu'elle se trouve á pareille heure dans ce jardin. Cet homme, si c'est lui, s'est offert á l'épouser. Cela la fait penser á sa petite fille, une enfant dont elle m'a appris avec tant de précautions l'existence, et qu'elle adore, surtout parce qu'elle est si peu comme les autres enfants, « avec cette idée de toujours enlever les yeux des poupées pour voir ce qu'il y a derrière ces yeux». Elle sait qu'elle attire toujours les enfants : où qu'elle soit, ils ont tendance á se grouper autour d'elle, á venir lui sourire. Elle parle maintenant comme pour elle seule, tout ce qu'elle dit ne m'intéresse plus également, elle à la tête tournée du côté opposé au mien, je commence á être las. Mais, sans que j'aie donné aucun signe d'impatience : « Un point, c'est tout. J'ai senti tout á coup que j'allais te faire de la peine. (Se retournant vers moi :) C'est fini. » Au sortir du jardin, nos pas nous conduisent rué Saint-Honoré, á un bar, qui n'a pas baissé ses lumières. Elle souligne que nous sommes

---

[59] « Urget aquas vis sursum eadem flectit que deorsum » : « La même forcé lance les eaux vers le ciel et les fait retomber. » Ce mouvement de l'eau est ici comparé au mouvement de la pensée. On peut remarquer que la phrase qui a dans la bouche de Nadja une signification amoureuse : « Ce sont tes pensées et les miennes », est interprétée par Breton d'une manière très abstraite.

venus de la place Dauphine au « Dauphin ». (Au jeu de l'analogie[60] dans la catégorie animale j'ai souvent été identifié au dauphin.) Mais Nadja s'alarme á la vue d'une bande de mosaïque qui se prolonge du comptoir sur le sol et nous devons partir presque aussitôt. Nous convenons de ne nous retrouver á « la Nouvelle France » que le soir du surlendemain.

7 octobre. - J'ai souffert d'un violent mal de tête, qu'a tort ou á raison, j'attribue aux émotions de cette soirée et aussi á l'effort d'attention, d'accommodation que j'ai dû fournir. Toute la matinée, pourtant, je me suis ennuyé de Nadja, reproché de ne pas avoir pris rendez- vous avec elle aujourd'hui. Je suis mécontent de moi. Il me semble que je l'observe trop, comment faire autrement ? Comment me voit-elle, me juge-t-elle ? Il est impardonnable que je continué á la voir si je ne l'aime pas. Est-ce que je ne l'aime pas ? Je suis, tout en étant près d'elle, plus près des choses qui sont près d'elle. Dans l'état où elle est, elle va forcément avoir besoin de moi, de façon ou d'autre, tout á coup. Quoi qu'elle me demande, le lui refuser serait odieux tant elle est pure, libre de tout lien terrestre, tant elle tient peu, mais merveilleuse- ment, á la vie. Elle tremblait hier, de froid peut- étre. Si légèrement vêtue. Il serait impardonnable aussi que je ne la rassure pas sur la sorte d'intérêt que je lui porte, que je ne la persuade pas qu'elle ne saurait étre pour moi un objet de curiosité, comment pourrait-elle croire, de caprice. Que faire ? Et me résoudre á attendre jusqu'à demain soir, c'est impossible. Que faire tantôt, si je ne la vois pas ? Et si je ne la voyais plus ? Je ne *saurais* plus. J'aurais donc mérité de ne plus savoir. Et cela ne se retrouverait jamais. Il peut y avoir de ces fausses annonciations, de ces grâces d'un jour, véritables casse- cou de l'âme, abîme, abîme où s'est rejeté l'oiseau splendidement triste de la divination. Que puis-je faire, sinon me rendre vers six heures au bar où nous nous

---

[60] Jeu de l'analogie : un des nombreux jeux aux- quels se livrait le groupe surréaliste. Il s'agit d'un questionnaire demandant á quel animal correspond chacun des participants. C'est Eluard qui identifie Breton á un dauphin (cf. Archives du surréalisme, vol. 5 : Les Jeux sur réa- listes, Gallimard, 1995).

sommes déjà rencontrés ? Aucune chance de l'y trouver, naturellement, á moins que... Mais « á moins que », n'est-ce pas là que réside
la grande possibilité d'intervention de Nadja, très au-delà de la
chance ? Je sors vers trois heures avec ma femme et une amie ; en
taxi nous continuons á nous entretenir d'elle, comme nous l'avions
fait pendant le déjeuner. Soudain, alors que je ne porte aucune attention aux passants, je ne sais quelle rapide tache, la, sur le trottoir
de gauche, á l'entrée de la rue Saint-Georges, me fait presque mé-
caniquement frapper au carreau. C'est comme si Nadja venait de
passer. Je cours, au hasard, dans une des trois directions qu'elle a
pu prendre. C'est elle, en effet, que voici arrêtée, s'entretenant avec
un homme qui, me semble-t-il, tout á l'heure l'accompagnait. Elle
le quitte assez rapidement pour me rejoindre. Au café, la conversation s'engage mal. Voici deux jours consécutifs que je la rencontre
: il est clair qu'elle est á ma merci. Ceci dit, elle se montre très réti-
cente. Sa situation matérielle est tout á fait désespérée car, pour
avoir chance de la rétablir, il lui faudrait ne pas me connaître. Elle
me fait toucher sa robe, pour me montrer combien elle est solide, «
mais cela au détriment de toute autre qua- lité ». Il ne lui est plus
possible d'accroître ses dettes et elle est en butte aux menaces du
tenancier de son hôtel et á ses suggestions effroyables. Elle ne fait
aucun mystère du moyen qu'elle emploierait, si je n'existais pas,
pour se procurer de l'argent, quoiqu'elle n'ait même plus la somme
nécessaire pour se faire coiffer et se rendre au Claridge[61], où, fatale-
ment... « Que veux-tu, me dit-elle en riant, l'argent me fuit. D'ailleurs, maintenant, tout est perdu. Une seule fois, je me suis trouvée
en possession de vingt-cinq mille francs, que mon ami m'avait lais-
sés. On m'a assuré qu'en quelques jours il m'était très facile de *tri-
pler* cette somme, á condition d'aller l'échanger á La Haye contre
de la cocaïne. On m'a confié trente-cinq autres mille francs destinés
au même usage. Tout s'était bien passé. Deux jours plus tard je ra-
menais près de deux kilos de drogue dans mon sac. Le voyage s'effectuait dans les meilleures conditions. Pourtant, en descendant du

---

[61] Claridge : grand hôtel de l'avenue des Champs-Elysées.

train, j'entends comme une voix me dire : Tu ne pas seras pas. Je suis á peine sur le quai qu'un mon- sieur, tout á fait inconnu, se porte á ma rencontre. "Pardon, me dit-il, c'est bien á mademoiselle D... que j'ai l'honneur de parler ? - Oui, mais pardonnez-moi, je ne sais... - Aucune importance, voici ma carte", et il me conduit au poste de police. Là, on me demande ce que j'ai dans mon sac. Je le dis, naturellement, tout en l'ouvrant. Voilà. On m'a relâchée le jour même, sur l'intervention d'un ami, avocat ou juge, nommé G... On ne m'en a pas demandé davantage et moi-même, tant j'étais émue, j'ai oublié de signaler que tout n'était pas dans mon sac, qu'il fallait aussi chercher sous le ruban de mon chapeau. Mais ce qu'on eût trouvé n'en valait pas la peine. Je l'ai gardé pour moi. Je te jure que depuis longtemps c'est fini. » Elle froisse maintenant dans sa main une lettre qu'elle me montre. C'est celle d'un homme rencontré un dimanche á la sortie du Théâtre-Français. Sans doute, dit-elle, un employé « puisqu'il a mis plusieurs jours á m'écrire, qu'il ne l'a fait qu'au commencement du mois ». Elle pourrait en ce moment lui téléphoner, á lui ou á quelque autre, mais ne s'y décide pas. Il est trop certain que l'argent la fuit. Quelle somme lui faudrait-il immé- diatement ? Cinq cents francs. Ne l'ayant pas sur moi, je ne me suis pas plus tôt offert á la lui remettre le lendemain que déjà toute in- quiétude en elle s'est dissipée. Je goûte une fois de plus ce mélange adorable de légèreté et de ferveur. Avec respect je baise ses très jolies dents et elle alors, lentement, gravement, la seconde fois sur quelques notes plus hautes que la première : « La communion se passe en silence... La communion se passe en silence. » C'est, m'ex- plique-t-elle, que ce baiser la laisse sous l'impression de quelque chose de sacré, où ses dents « tenaient lieu d'hostie ».

La Profanation de l'Hostie...

8 octobre. - J'ouvre, en m'éveillant, une lettre d'Aragon, venant
d'Italie et accompagnant la reproduction photographique du détail
central d'un tableau d'Uccello que je ne con- naissais pas. Ce tableau a pour titre : *La Profanation de l'Hostie**. Vers la fin de la
journée, qui s'est passée sans autre incident, je me rends au bar ha-
bituel («A la Nouvelle France ») où j'attends vainement Nadja. Je
redoute plus que jamais sa disparition. Ma seule ressource est d'essayer de découvrir où elle habite, non loin du Théâtre des Arts. J'y
parviens sans peine : c'est au troisième hôtel où je m'adresse, l'hôtel
du Théâtre, rué de Chéroy. Ne l'y trouvant pas, je laisse une lettre

où je m'informe du moyen de lui faire parvenir ce que je lui ai promis.

* Je ne l'ai vu reproduit dans son ensemble que quelques mois plus tard. Il m'a paru lourd d'intentions cachées et, tout compte fait, d'une interprétation très délicate. (N. d A.)

Je viens précisément de m'occuper de cette époque...

9 octobre. - Nadja a téléphoné en mon absence. A la personne venue á l'appareil, qui lui demandait de ma part comment l'atteindre, elle a répondu : « On ne m'atteint pas. » Mais par pneumatique, un peu plus tard,' elle m'invite á passer au bar á cinq heures et demie. Je l'y trouve en effet. Son absence de la veille tenait á un malentendu : nous avions, par exception, rendez-vous á « la Régence » et c'est moi qui l'avais oublié. Je lui remets l'argent*. Elle pleure. Nous sommes seuls lorsqu'entre un vieux quémandeur, comme je n'en ai jamais vu se présenter nulle ne part. Il offre quelques pauvres images relatives á l'histoire de France. Celle qu'il me tend, qu'il insiste pour que je prenne, a trait á certains épisodes des règnes de Louis VI et Louis VII (je viens précisément de m'occuper de cette époque, et ceci en fonction des « Cours d'Amour[62] », de m'imaginer active- ment ce que pouvait étre, alors, la conception de la vie). Le vieillard commente d'une manière très confuse chacune des illustrations, je n'arrive pas á comprendre ce qu'il dit de Suger**[63] . Moyennant deux francs que je lui donne, puis, pour le faire partir, deux autres francs, il tient absolument á nous laisser toutes ses images, ainsi qu'une dizaine de cartes postales glacées en couleurs représentant des femmes. Impossible de l'en dissuader. Il se retire á reculons : « Dieu vous bénisse, mademoiselle. Dieu vous bénisse, monsieur. » Main- tenant Nadja me fait lire des lettres qui lui ont été récemment adressées et que je ne goûte guère. Il en est d'éplorées, de déclamatoires, de ridicules qui sont signées de ce G... dont

* Le triple de la somme prévue, ce qui ne va pas non plus sans coïncidence, je viens seulement de m'en apercevoir.

** Quand le maigre Suger se hâtait vers la Seine (Guillaume Apollinaire). (N. d. A., 1962.)

---

[62] Cours d'Amour: au XVe siècle, á la cour d'Aliénor d'Aquitaine ou de Marie de France, on rendait des jugements concernant les litiges amoureux. Il s'agissait la très vraisemblablement d'un jeu et non de sentences réelles. Cet intérêt de Breton pour l'amour courtois est révélateur.
[63] Suger: moine de Saint-Denis (1081-1151), conseiller des rois Louis VI (1080-1137) et Louis VII (1120 1180). Le vers d'Apollinaire est extrait du «Musicien de Saint-Merry» (Calligrammes).

il a déjà été question. G... ? mais oui, c'est le nom de ce président d'assises qui, il y a quelques jours, au procès de la femme Sierri, accusée d'avoir empoisonné son amant, s'est permis un mot ignoble, tançant la prévenue de n'avoir même pas « la reconnaissance du ventre (*rires*) ». Justement Paul Eluard avait demandé qu'on retrouvât ce nom, oublié par lui et resté en blanc dans le manuscrit de la « revue de la presse », destinée á *La Révolution surréaliste*[64]. J'observe avec malaise qu'au dos des enveloppes que j'ai sous les yeux est imprimée une balance.

10 octobre. - Nous dînons quai Malaquais, au restaurant Delaborde. Le garçon se signale par une maladresse extrême : on le dirait fasciné par Nadja. Il s'affaire inutilement á notre table, chassant de la nappe des miettes imaginaires, déplaçant sans motif le sac á main, se montrant tout á fait incapable de retenir la commande. Nadja rit sous cape et m'annonce que ce n'est pas fini. En effet, alors qu'il sert normalement les tables voisines, il répand du vin á côté de nos verres et, tout en prenant d'infinies précautions pour poser une assiette devant l'un de nous, en bouscule une autre qui tombe et se brise. Du commencement á la fin du repas (on entre de nouveau dans l'incroyable), je compte onze assiettes cassées. Chaque fois qu'il vient de la cuisine, il est vrai qu'il se trouve en face de nous, qu'alors il lève les yeux sur Nadja et parait pris de vertige. C'est á la fois burlesque et pénible. Il finit par ne plus s'approcher de notre table, et nous avons grand-peine á achever de diner. Nadja n'est aucunement surprise. Elle se connait ce pouvoir sur certains hommes, entre autres ceux de race noire, qui, où qu'elle soit, sont contraints de venir lui parler. Elle me conte qua trois heures, au guichet de la station de métro « Le Peletier », on lui a remis une pièce neuve de deux francs, que tout le long de l'escalier elle a tenue serrée entre ses mains. A l'employé qui poinçonne les billets elle a demandé : « Tête ou pile ?» Il a répondu pile. C'était bon. « Vous demandiez,

---

[4] La Révolution surréaliste : revue du groupe dont le premier numéro parait en 1924. En 1930, de façon significative, la revue du groupe deviendra Le surréalisme au Service de la Révolution.

mademoiselle, si vous verriez tout á l'heure votre ami. Vous le verrez. » Par les quais nous sommes parvenus á la hauteur de l'Institut. Elle me reparle de cet homme qu'elle appelle « Grand ami », et á qui elle me dit devoir d'être qui elle est. « Sans lui je serais maintenant la dernière des grues. » J'apprends qu'il l'endormait chaque soir, après le dîner. Elle a mis plusieurs mois á s'en apercevoir. Il lui faisait narrer dans tous ses détails l'emploi de sa journée, approuvait ce qu'il jugeait bon, blâmait le reste. Et toujours ensuite une gêne physique localisée dans la tête l'empêchait de refaire ce qu'il avait dû lui interdire. Cet homme, perdu dans sa barbe blanche, qui a voulu qu'elle ignorât tout de lui, lui fait l'effet d'un roi. Partout où elle est entrée avec lui, il lui a semblé que sur son passage un mouvement d'attention très respectueuse se produisait. Pourtant, depuis lors, elle l'a revu un soir, sur le banc d'une station de métro, et l'a trouvé très las, très négligé, très vieilli. Nous tournons par la rue de Seine, Nadja résistant á allé plus loin en ligne droite. Elle est á nouveau très distraite et me dit suivre sur le ciel un éclair que trace lentement une main. « Toujours cette main. » Elle me la montre réellement sur une affiche, un peu au-delà de la librairie Dorbon. Il y a bien là, très au-dessus de nous, une main rouge á l'index pointé vantant je ne sais quoi. Il faut absolument qu'elle touche cette main, qu'elle cherche á atteindre en sautant et contre laquelle elle parvient á plaquer la sienne. « La main de feu, c'est á ton sujet, tu sais, c'est toi. » Elle reste quelque temps silencieuse, je crois qu'elle a les larmes aux yeux. Puis, soudain, se plaçant devant moi, m'arrêtant presque, avec cette manière extraordinaire de m'appeler, comme on appellerait quelqu'un, de salle en salle, dans un château vide : « André ? André ?... Tu écriras un roman sur moi. Je t'assure. Ne dis pas non. Prends garde : tout s'affaiblit, tout disparaît. De nous il faut que quelque chose reste... Mais cela ne fait rien : tu prendras un autre nom : quel nom, veux-tu que je te dise, c'est très imposant. Il faut que ce soit un peu le nom du feu, puisque c'est toujours le feu qui revient quand il s'agit de toi. La main aussi, mais c'est moins essentiel que le feu. Ce que je vois, c'est une flamme qui part du poignet, comme ceci (avec le geste de faire disparaître une carte) et qui fait qu'aussitôt la main brûle, et qu'elle disparait en un clin d'œil. Tu trouveras un pseudonyme, latin ou arabe*. Promets. Il faut. » Elle se sert d'une nouvelle image pour me faire comprendre comment elle vit: c'est comme le matin quand elle se baigne et que son corps s'éloigne tandis qu'elle fixe la surface de l'eau. « Je suis la pensée sur le bain dans la pièce sans glaces. » Elle avait oublié de me faire part de l'étrange aventure qui lui est arrivée hier soir, vers huit heures, comme, se croyant seule, elle se promenait á mi-voix chantant et esquissant quelques pas de danse sous une galerie du

* Sur la porte de beaucoup de maisons arabes, s'inscrit, me dit-on, une main rouge, au dessin plus ou moins schématique : la « main de Fatma ». (N. d. A.)

CAMÉES DURS...

Palais-Royal. Une vieille dame est apparue sur le pas d'une porte fermée et elle a cru que cette personne allait lui demander de l'argent. Mais elle était seulement en quête d'un crayon. Nadja lui ayant prêté le sien, elle a fait mine de griffonner quelques mots sur une carte de visite avant de la glisser sous la porte. Par la même occasion elle a remis á Nadja une carte semblable, tout en lui expliquant qu'elle était venue pour voir « Madame Camée[65] » et que celle-ci n'était malheureusement pas là. Ceci se passait devant le magasin au fronton duquel on peut lire les mots : CAMÉES DURS. Cette femme, selon Nadja, ne pouvait être qu'une sorcière. J'examine la carte de très petit format qu'elle me tend et tient á me laisser : « Madame Aubry-Abrivard, femme de lettres, 20, rue de Varenne, 3e étage, porte á droite. » (Cette histoire demanderait á être éclaircie.) Nadja, qui a rejeté un pan de sa cape sur son épaule, se donne, avec une étonnante facilité, les airs du Diable, tel qu'il apparaît dans les gravures romantiques. Il fait très sombre et très froid. En me rapprochant d'elle, je m'effraie de constater qu'elle tremble, mais littéralement, « comme une feuille ».

11 octobre. - Paul Éluard s'est présenté á l'adresse de la carte : personne. Sur la porte indiquée, épinglée, mais á l'envers, une enveloppe portant ces mots : « Aujourd'hui 11 octobre, Mme Aubry-Abrivard rentrera très tard, mais rentrera sûrement. » Je suis mal disposé á la suite d'un entretien qui s'est prolongé inutile- ment l'après-midi. De plus Nadja est arrivée en retard et je ne m'attends de sa part á rien d'exceptionnel. Nous déambulons par les rues, l'un près de l'autre, mais très séparément. Elle répète á plusieurs reprises, scandant de plus en plus les syllabes : « Le temps est taquin. Le temps est taquin parce qu'il faut que toute chose arrive á son heure. » Il est impatientant de la voir lire les menus á la porte des restaurants et jongler avec les noms de certains mets. Je m'ennuie. Nous passons boulevard Magenta devant le « Sphinx-Hôtel ». Elle me montre l'enseigne lumineuse portant ces mots qui l'ont décidée á descendre la, le soir de son arrivée á Paris. Elle y est demeurée

---

[65] Camée : pierre fine décorée d'une figure en relief.

plusieurs mois, n'y recevant d'autre visite que celle de ce « Grand ami » qui passait pour son oncle.

Photo J.-A. Boiffard)

Boulevard Magenta devant le « Sphinx-Hôtel»... (p. 105).

12 octobre. - Marx Ernst[66], á qui j'ai parlé d'elle, accepterait-il de faire le portrait de Nadja ? Mme Sacco, me dit-il, a vu sur son chemin une Nadia ou Natacha qu'il n'aimerait pas et qui - ce sont á peu près ses termes - cause- rait un mal physique á la femme qu'il aime : cette contre-indication nous parait suffisante.

Peu après quatre heures, dans un café du boulevard des Batignolles, une fois de plus, je dois faire semblant de prendre connaissance de lettres de G..., pleines de supplications et accompagnées de poèmes stupides, démarqués de Musset. Puis Nadja me communique un des- sin, le premier que je vois d'elle, et qu'elle a fait l'autre jour á « la Régence » en m'attendant. Elle veut bien m'éclairer les quelques éléments de ce dessin, á l'exception du masque rectangu- laire dont elle ne peut rien dire, sinon qu'il lui apparait ainsi. Le point noir qu'il présente au milieu du front est le clou par lequel il est fixé ; le long du pointillé se rencontre d'abord un crochet ; l'étoile noire, á la partie supérieure, figure l'idée. Mais ce qui, pour Nadja, fait l'intérêt principal de la page, sans que j'arrive á lui faire dire pourquoi, est la forme calligraphique des L. - Après dîner, au- tour du jardin du Palais- Royal, son rêve a pris un caractère mytho- logique que je ne lui connaissais pas encore. Elle compose un mo- ment avec beaucoup d'art, jusqu'á en donner l'illusion très singu- lière, le personnage de Mélusine[67]. Á brûle-pourpoint elle me de- mande aussi: « Qui a tué la Gorgone, dis-moi, dis. » J'ai de plus en plus de peine á suivre son soliloque, que de longs silences commen- cent á me rendre intraduisible. En manière de diversion, je propose que nous quittions Paris. Gare Saint-Lazare : va pour Saint- Ger- main, mais le train part sous nos yeux.

---

[66] Max Ernst (1891-1976) : il a cherché, par diverses techniques, des équivalents picturaux á l'écriture automatique. Le Dictionnaire abrégé du surréalisme, en 1938, le définit ainsi : « Peintre poète et théoricien surréaliste des origines du mouvement á ce jour. »

[67] Mélusine : Jean d'Arras écrivit le roman de Mélusine au XVe siécle. Il s'inspira, pour inventer ce personnage, de thèmes légendaires anciens. Mélusine avait reçu de sa mère le don de se trans- former en femme- serpent un jour par semaine. Dans Arcane 17, publié en 1947, Breton parlera ainsi de ce personnage mythique : « Oui, c'est toujours la femme perdue, celle qui chante dans l'imagination de l'homme mais au bout de quelles épreuves pour elle, pour lui, c'est aussi la femme retrouvée. »

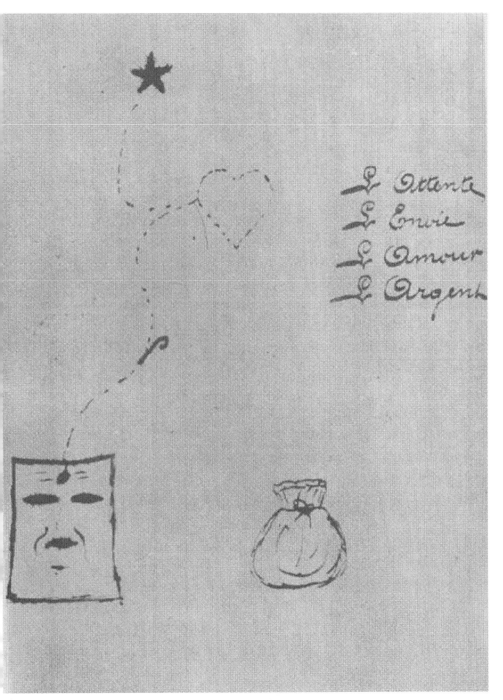

L'Attente

L'Envie

L'Amour

L'Argent

À l'exception du masque rectangulaire dont elle ne peut rien dire...

Nous en sommes réduits, près d'une heure, á faire les cent pas dans le hall. Tout de suite, comme l'autre jour, un ivrogne s'est mis á rôdé autour de nous. Il se plaint de ne pas retrouver son chemin et voudrait que je le conduise dans la rué. Nadja s'est enfin rapprochée. Comme elle me le fait constater, il est exact que tous, même les plus pressés, se retournent sur nous, que ce n'est pas elle qu'on regarde, que c'est nous. «Ils ne peuvent y croire, vois-tu, ils ne se remettent pas de nous voir ensemble. C'est si rare cette flamme dans les yeux que tu as, que j'ai. » Dans ce compartiment où nous sommes seuls, toute sa confiance, toute son attention, tout son espoir me sont revenus. Si nous descendions au Vésinet ? Elle suggère que nous nous promenions un peu dans la forêt. Pour- quoi pas ? Mais, comme je l'embrasse, soudain elle pousse un cri. « La (me montrant le haut de la glace de la portière) il y a quelqu'un. Je viens de voir très nettement une tête renversée. » Je la rassure tant bien que mal. Cinq minutes plus tard, même jeu : « Je te dis qu'il est là, il a une casquette. Non, ce n'est pas une vision. » Je me penche audehors : rien sur la longueur du marchepied, ni sur l'escalier du wagon voisin. Pourtant Nadja affirme qu'elle n'a pu se tromper. Elle fixe obstinément le haut de la glace et demeure très nerveuse. Par acquit de conscience, je me penche une seconde fois au- dehors. J'ai le temps de voir, très distinctement, se retirer la tête d'un homme couché á plat ventre sur le toit du wagon, au-dessus de nous et qui porte en effet une casquette d'uniforme. Sans doute un employé de chemin de fer, qui n'a eu aucune peine á venir la, de l'impériale du wagon voisin. A la station suivante, comme Nadja se tient á la portière et que je suis de l'ceil, á travers la vitre, la silhouette des voyageurs, un homme seul, avant de sortir de la gare, lui envoie un baiser. Un second agit de même, un troisième. Elle reçoit avec complaisance et gratitude ces sortes d'hommages. Ils ne lui manquent jamais et elle parait y tenir beaucoup. Au Vésinet, toutes lumières éteintes, impossible de se faire ouvrir aucune porte. Le vagabondage en forêt n'est plus très engageant. Forcé nous est d'attendre le prochain train, qui nous déposera á Saint-Germain vers une heure.

En passant devant le château, Nadja s'est vue en Mme de Chevreuse[68] ; avec quelle grâce elle dérobait son visage derrière la lourde plume inexistante de son chapeau !

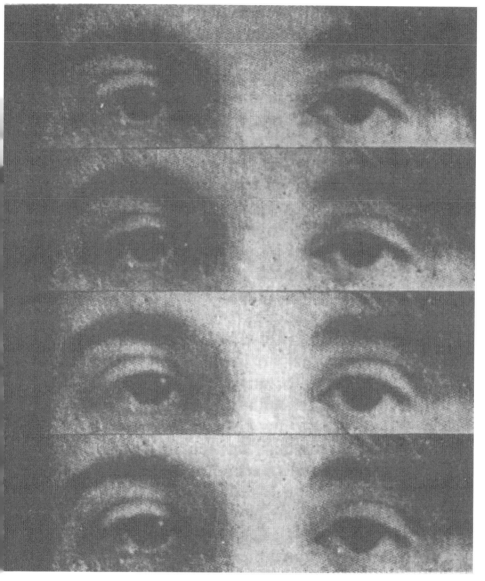

Ses yeux de fougère...

---

[8] Mme de Chevreuse (1600-1679) : elle joua un rôle important pendant la Fronde, au cours de aquelle Louis XIV s'était précisément enfui au château de Saint- Germain. L'édition de 1928 contenait ce passage, supprimé en 1963 : « Nous décidons d'attendre le prochain train pour Saint-Germain. Nous y descendons, vers une heure du matin, á l'hôtel du Prince-de-Galles. »

Se peut-il qu'ici cette poursuite éperdue prenne fin ? Poursuite de quoi, je ne sais, mais poursuite, pour mettre ainsi en œuvre tous les artifices de la séduction mentale. Rien - ni le brillant, quand on les coupe, de métaux inusuels comme le sodium - ni la phosphorescence, dans certaines régions, des carrières - ni l'éclat du lustre admirable qui monte des puits - ni le crépitement du bois d'une horloge que je jette au feu pour qu'elle meure en son- nant l'heure - ni le surcroît d'attrait qu'exerce *L'Embarquement pour Cythère*[69] lorsqu'on vérifie que sous diverses attitudes il ne met en scène qu'un seul couple - ni la majesté des paysages de réservoirs - ni le charme des pans de murs, avec leurs fleurettes et leurs ombres de cheminées, des immeubles en démolition : rien de tout cela, rien de ce qui constitue pour moi ma lumière propre, n'a été oublié. Qui étions-nous devant la réalité, cette réalité que je sais maintenant couchée aux pieds de Nadja, comme un chien fourbe ? Sous quelle latitude pouvions-nous bien être, livrés ainsi á la fureur des symboles, en proie au démon de l'analogie[70], objet que nous nous voyions de démarches ultimes, d'attentions singulières, spéciales ? D'où vient que projetés ensemble, une fois pour toutes, si loin de la terre, dans les courts intervalles que nous laissait notre merveilleuse stupeur, nous ayons pu échanger quelques vues incroyablement concordantes pardessus les décombres fumeux de la vieille pensée et de la sempiternelle vie ? J'ai pris, du premier au dernier jour, Nadja pour un génie libre, quelque chose comme un de ces esprits de l'air que certaines pratiques de magie permettent momentanément de s'attacher mais qu'il ne saurait être question de se soumettre. Elle, je sais que dans toute la forcé du terme il lui est arrivé de me prendre pour un dieu, de croire que *j'étais* le soleil. Je me souviens aussi - rien á ce instant ne pouvait être á la fois plus beau et plus tragique -je me

---

[69] L'Embarquement pour Cythère : cette toile de Watteau (1717) est un des tableaux préférés d Breton, preuve de son éclectisme en matière de peinture.
[70] Le Démon de l'analogie : titre d'un texte de Mallarmé. L'analogie et la métaphore sont á la bas de la poésie surréaliste et Nadja les pratique naturellement.

souviens de lui étre apparu noir et froid comme un homme foudroyé aux pieds du Sphinx.

Là, tout en haut du château dans la tour de droite...

J'ai vu ses yeux de fougère *s'ouvrir* le matin sur un monde où les battements d'ailes de l'espoir immense se distinguent á peine des autres bruits qui sont ceux de la terreur et, sur ce monde, je n'avais vu encore que des yeux se fermer. Je sais que ce *départ*, pour Nadja, d'un point où il est déjà si rare, si téméraire de vouloir arriver, s'effectuait au mépris de tout ce qu'il est convenu d'invoquer au moment où l'on se perd, très loin volontairement du dernier radeau, aux dépens de tout ce qui fait les fausses, mais les presque irrésistibles compensations de la vie. Là, tout en haut du château dans la tour de droite, il y a une pièce que, sans doute, on ne songerait pas á nous faire visiter, que nous visiterions peut-être mal - il n'y a guère lieu de le tenter - mais qui, d'après Nadja, est tout ce que nous aurions besoin de connaître á Saint-Germain, par exemple*. Jaime beaucoup ces hommes qui se laissent enfermer la nuit dans un musée pour pouvoir contempler á leur aise, en temps illicite, un portrait de femme qu'ils éclairent au moyen d'une lampe sourde. Comment, ensuite, n'en sauraient-ils pas de cette femme beaucoup plus que nous n'en savons ? Il se peut que la vie demande á être déchiffrée comme un cryptogramme.

* C'est Louis VI qui, au début du xIIᵉ siécle, fit bâtir dans la forêt de Laye un château royal, origine du château actuel et de la ville de Saint-Germain.

Des escaliers secrets, des cadres dont les tableaux glissent rapidement et disparaissent pour faire place á un archange portant une épée ou pour faire place á ceux qui doivent avancer toujours, des boutons sur lesquels on fait très indirectement pression et qui provoquent le déplacement en hauteur, en longueur, de toute une salle et le plus rapide changement de décor : il est permis de concevoir la plus grande aventure de l'esprit comme un voyage de ce genre au paradis des pièges. Qui est la vraie Nadja, de celle qui m'assure avoir erré toute une nuit, en compagnie d'un archéologue, dans la forêt de Fontainebleau, á la recherche de je ne sais quels vestiges de pierre que, se dira-t-on, il était bien temps de découvrir pendant le jour - mais si c'était la passion de cet homme ! - je veux dire de la créature toujours inspirée et inspirante qui n'aimait qu'être dans la rué[71], pour elle seul champ d'expérience valable, dans la rué, á portée d'interrogation de tout être humain lancé sur une grande chimère, ou (pourquoi ne pas le reconnaitre ?) de celle qui tombait, parfois, parce qu'enfin d'autres s'étaient crus autorisés á lui adresser la parole, n'avaient su voir en elle que la plus pauvre de toutes les femmes et de toutes la plus mal défendue ? Il m'est arrivé de réagir avec une affreuse violence contre le récit par trop circonstancié qu'elle me faisait de certaines scènes de sa vie passée, desquelles je jugeais, sans doute très extérieurement, que sa dignité n'avait pu sortir tout á fait sauve. Une histoire de coup de poing en plein visage qui avait fait jaillir le sang, un jour, dans un salon de la brasserie Zimmer, de coup de poing reçu d'un homme á qui elle se faisait le malin plaisir de se refuser, simplement parce qu'il était bas - et plusieurs fois elle avait crié au secours non sans prendre le temps,

---

[71] Etre dans la rué : dans la Confession dédaigneuse en 1924, Breton écrivait : « La rué avec ses inquiétudes et ses regards était mon véritable élément : j'y prenais comme nulle part ailleurs le vent de l'éventuel. »

avant de disparaître, d'ensanglanter les vêtements de l'homme - faillit même, au début de l'après-midi du 13 octobre, comme elle me la contait sans raison, m'éloigner d'elle á jamais. Je ne sais quel sentiment d'absolue irrémédiable le récit assez narquois de cette horrible aventure me fit éprouver, mais j'ai pleuré longtemps après l'avoir entendu, comme je ne me croyais plus capable de pleurer. Je pleurais á l'idée que je ne devais plus revoir Nadja, non je ne le pourrais plus. Certes je ne lui en voulais aucunement de ne pas m'avoir caché ce qui maintenant me désolait, bien plutôt je lui en savais gré mais qu'elle eût pu un jour en étre la, qua l'horizon, qui sait, pointassent peut-être encore pour elle de tels jours, je ne me sentais pas le courage de l'envisager. Elle était á ce moment si touchante, ne faisant rien pour briser la résolution que j'avais prise, puisant au contraire dans ses larmes la forcé de m'exhorter á suivre cette résolution ! En me disant adieu, á Paris, elle ne put pourtant s'empêcher d'ajouter très bas que c'était impossible, mais elle ne fit rien alors pour que ce fût plus impossible. Si ce le fut en définitive, cela ne dépendit que de moi.

J'ai revu Nadja bien des fois, pour moi sa pensée s'est éclaircie encore, et son expression a gagné en légèreté, en originalité, en profondeur. Il se peut que dans le même temps le désastre irréparable entraînant une partie d'elle-même et la plus humainement définie, le désastre dont j'avais eu notion ce jour-là m'ait éloigné d'elle peu á peu. Emerveillé que je continuais á étre par cette manière de se diriger ne se fondant que sur la plus pure intuition et tenant sans cesse du prodige, j'étais aussi de plus en plus alarmé de sentir que, lorsque je la quittais, elle était reprise par le tourbillon de cette vie se poursuivant en dehors d'elle, acharnée á obtenir d'elle, entre autres concessions, qu'elle mangeât, qu'elle dormît. J'ai essayé quelque temps de lui en fournir le moyen, puisque aussi bien elle ne l'attendait que de moi. Mais comme certains jours elle paraissait vivre de ma seule présence, sans porter la moindre attention á mes paroles, ni même, lorsqu'elle m'entretenait de choses indifférentes ou se taisait, prendre garde le moins du monde á mon ennui, je doute fort de l'influence que j'ai pu avoir sur elle pour l'aider á résoudre normalement cette sorte de difficultés. C'est en vain qu'ici je multiplierais les exemples de faits d'ordre inhabituel, ne paraissant devoir bien concerner que nous et me disposant, somme toute, en faveur d'un certain finalisme qui permettrait d'expliquer la particularité de tout événement comme certains ont prétendu dérisoirement expliquer la particularité de toute chose*, de faits, dis-je, dont Nadja et moi au même instant ayons été témoins ou dont l'un de nous seul ait été témoin. Je ne veux plus me souvenir, au courant des jours, que de quelques phrases, prononcées devant moi ou écrites d'un trait sous mes yeux par elle, phrases qui sont celles où je retrouve le mieux le ton de sa voix et dont la résonance en moi demeure si grande :

« Avec la fin de mon souffle, qui est le commencement du vôtre. »

« Si vous vouliez, pour vous je ne serais rien, ou qu'une trace. »

« La griffe du lion étreint le sein de la vigne. »

« Le rosé est mieux que le noir, mais les deux s'accordent.»

« Devant le mystère. Homme de pierre, comprends-moi.»

« Tu es mon maître. Je ne suis qu'un atome qui respire au coin de tes lèvres ou qui expire. Je veux toucher la sérénité d'un doigt mouillé de l'armes. »

« Pourquoi cette balance qui oscillait dans l'obscurité d'un trou plein de boulets de charbon ? »

« Ne pas alourdir ses pensées du poids de ses souliers.»

« Je savais tout, j'ai tant cherché á lire dans mes ruisseaux de larmes. »

---

* Toute idée de justification téléologique[72] dans ce domaine étant, on pense bien, écartée d'avance.

---

[72] Téléologique : organisé en vue d'une fin. Breton, en penseur matérialiste qu'il veut rester, ne pense pas que le monde obéisse á une telle organisation, d'ordre divin par exemple. Il n'en est pas

Un portrait symbolique d'elle et de moi...

Nadja a inventé pour moi une fleur merveilleuse : « la Fleur des amants ». C'est au cours d'un déjeuner á la campagne que cette fleur lui apparut et que je la vis avec une grande inhabileté essayer de la reproduire. Elle y revint á plu- sieurs reprises par la suite pour en améliorer le dessin et donner aux deux regards une expression dif- férente. C'est essentiellement sous ce signe que doit étre placé le temps que nous passâmes ensemble et il demeure le symbole gra- phique qui a donné á Nadja la clef de tous les autres. Plusieurs fois elle a tenté de faire mon portrait les cheveux dressés, comme aspi- rés par le vent d'en haut, tous pareils á de longues flammes. Ces flammes formaient aussi le ventre d'un aigle dont les lourdes ailes tombaient de part et d'autre de ma tête.

---

moins persuadé qu'existe, au sein même de la réalité, un ordre qui échappe á la rai- son humaine, et que Nadja a pour fonction de révéler.

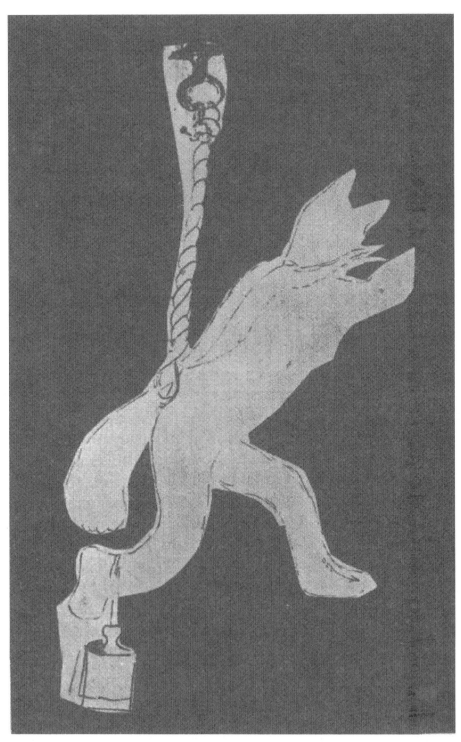

Le rêve du chat...

Á la suite d'une remarque inopportune que je lui avais faite sur un de ces derniers dessins, et sans doute le meilleur, elle en découpa malheureusement toute la partie inférieure, de beaucoup la plus insolite. Le dessin, daté du 18 novembre 1926, comporte un portrait symbolique d'elle et de moi : la sirène, sous la forme de laquelle elle se voyait toujours de dos et sous cet angle, tient á la main un rouleau de papier ; le monstre aux yeux fulgurants surgit d'une sorte de vase á tête d'aigle, rempli de plumes qui figurent les idées. « Le rêve du chat », représentant l'animal debout qui cherche á s'échapper sans s'apercevoir qu'il est retenu au sol par un poids et suspendu au moyen d'une corde qui est aussi la mèche démesurément grossie d'une lampe renversée, reste pour moi plus obscur : c'est un découpage hâtif d'après une apparition. Découpage également, mais en deux parties, de manière á pouvoir varier l'inclinaison de la tête, l'ensemble constitué par un visage de femme et une main. « Le salut du Diable », comme « le rêve du chat », rend compte d'une apparition. Le dessin en forme de casque ainsi qu'un autre dessin ayant pour titre : « Un personnage nuageux », qui se prêterait mal á la reproduction, sont d'une autre veine : ils répondent au goût de chercher dans les ramages d'une étoffe, dans les nœuds du bois, dans les lézardes des vieux murs, des silhouettes qu'on parvient aisément á y voir.

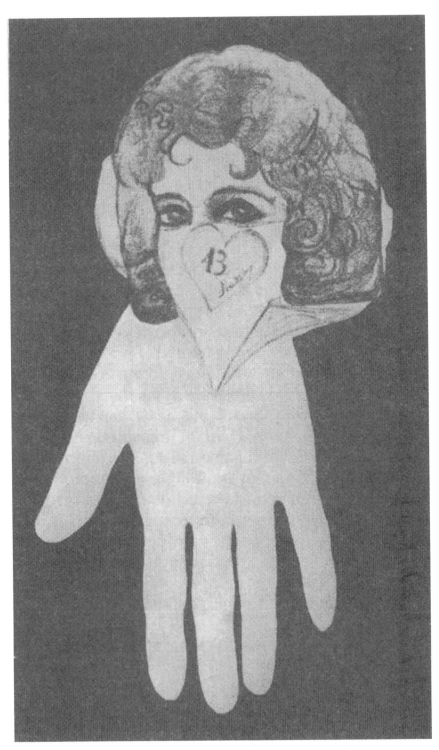

De manière à pouvoir varier l'inclinaison de la tête...

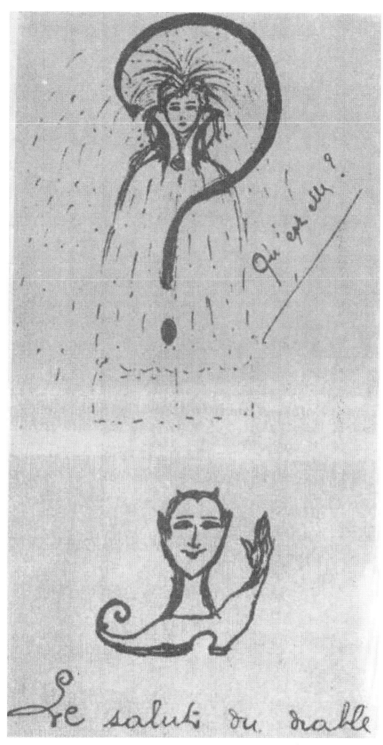

Dessins de Nadja...

Un vrai bouclier d'Achille...

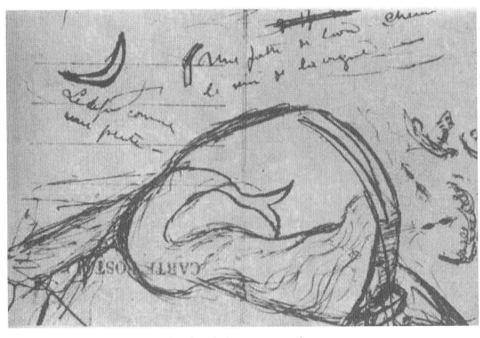

Au dos de la carte postale...

Dans celui-ci on distingue sans peine le visage du Diable, une tête de femme dont un oiseau vient becqueter les lèvres, la chevelure, le torse et la queue d'une sirène vue de dos, une tête d'éléphant, une otarie, le visage d'une autre femme, un serpent, plusieurs autres serpents, un cœur, une sorte de tête de bœuf ou de buffle, les branches de l'arbre du bien et du mal et une vingtaine d'autres éléments que la reproduction laisse un peu de côté mais qui en font un vrai bouclier d'Achille[73]. Il y a lieu d'insister sur la présence de deux cornes d'animal, vers le bord supérieur droit, présence que Nadja elle-même ne s'expliquait pas car elles se présentaient á elle toujours ainsi, et comme si ce á quoi elles se rattachaient était de nature á masquer obstinément le visage de la sirène (c'est particulièrement sensible sur le dessin qui se trouve au dos de la carte postale). Quelques jours plus tard, en effet, Nadja, étant venue chez moi, a *reconnu* ces cornes pour étre celles d'un grand masque de Guinée, qui a naguère appartenu á Henri Matisse et que j'ai toujours aimé et redouté en raison de son cimier monumental évoquant un signal de chemin de fer, mais qu'elle ne pouvait voir comme elle le voyait *que de l'intérieur de la bibliothèque*. Par la même occasion elle a reconnu dans un tableau de Braque[74] (*Le Joueur de guitare*) le clou et la corde extérieurs au personnage qui m'ont toujours intrigué et dans le tableau triangulaire de Chirico (*L'Angoissant Voyage ou l'Enigme de la Fatalité*) la fameuse main de feu.

---

[73] Le bouclier d'Achille : dans L'Iliade, Homère décrit ce bouclier dont la décoration juxtapose diverses scènes mythologiques.

[74] Braque: peintre cubiste (1882-1963). Le tableau figurant page 127 est représentatif de son œuvre.

Le clou et la corde extérieurs au personnage qui m'ont toujours intrigué...

L'Angoissant Voyage ou l'Enigme de la Fatalité...

« Tiens, Chimène ! »...

Mais les hommes n'en sauront rien...

« Je t'aime, je t'aime. »

Un masque conique, en moelle de sureau rouge et roseaux, de Nou-velle- Bretagne, l'a fait s'écrier : « Tiens, Chimène ! », une petite statue de cacique assis lui est apparue plus menaçante que les autres ; elle s'est longuement expliquée sur le sens particulièrement diffi-cile d'un tableau de Max Ernst (*Mais les hommes n'en sauront rien*), et cela tout á fait conformément á la légende détaillée qui figure au dos de la toile ; un autre fétiche dont je me suis défait était pour elle le dieu de la médisance ; un autre, de l'île de Paques, qui est le pre-mier objet sauvage[75] que j'aie possédé, lui disait: « Je t'aime, je t'aime. » Nadja s'est aussi maintes fois représentée sous les traits de Mélusine qui, de toutes les personnalités mythiques, est celle dont elle parait bien s'être sentie le plus prés. Je l'ai même vue cher-cher á transporter autant que possible cette ressemblance dans la vie réelle, en obtenant á tout prix de son coiffeur qu'il distribuât ses cheveux en cinq touffes bien distinctes, de manière á laisser une étoile au sommet du front. Ils devaient en outre étre tournés pour finir en avant des oreilles en cornes de bélier, l'enroulement de ces cornes étant aussi un des motifs auxquels elle se rap- portait le plus souvent. Elle s'est plu á se figurer sous l'apparence d'un papillon dont le corps serait formé par une lampe « Mazda » (Nadja) vers lequel se dresserait un serpent charmé (et depuis je n'ai pu voir sans trouble cligner l'affiche lumineuse de « Mazda » sur les grands bou-levards, qui occupe presque toute la façade de l'ancien théâtre du « Vaudeville », où précisément deux béliers mobiles s'affrontent, dans une lumière d'arc-en-ciel). Mais les derniers dessins, alors ina-chevés, que m'a montrés Nadja lors de notre dernière rencontre, et qui ont dû disparaître dans la tourmente qui l'a emportée, témoi-gnaient d'une tout autre Science. (Avant notre rencontre elle n'avait jamais dessiné.) La, sur une table devant un livre ouvert, une ciga-rette posée sur un cendrier, qui laisse échapper insidieusement un

---

[5] Objet sauvage : Breton éprouve un intérêt tout particulier pour les objets issus de cultures extra-européennes, océaniennes par exemple, moins connues que l'Afrique, mise á l'honneur par Picasso quelques années plus tôt.

serpent de fumée, une mappemonde sectionnée pour pouvoir contenir des lis, entre les mains d'une femme très belle, tout était vraiment disposé pour permettre la descente de ce qu'elle appelait *le réflecteur humain*, tenu hors de portée par des serres, et dont elle disait qu'il est « le meilleur de tout ».

J'avais, depuis assez^ longtemps, cessé de m'entendre avec Nadja. A vrai dire, peut-être ne nous sommes-nous jamais entendus, tout au moins sur la manière d'envisager les choses simples de l'existence. Elle avait choisi une fois pour toutes de n'en tenir aucun compte, de se désintéresser de l'heure, de ne faire aucune différence entre les propos oiseux qu'il lui arrivait de tenir et les autres qui m'importaient tant, de ne se soucier en rien de mes dispositions passagères et de la plus ou moins grande difficulté que j'avais á lui passer ses pires distractions. Elle n'était pas fâchée, je l'ai dit, de me narrer sans me faire grâce d'aucun détail les péripéties les plus lamentables de sa vie, de se livrer de-ci de-là á quelques coquetteries déplacées, de me réduire á attendre, le sourcil très froncé, qu'elle voulût bien passer á d'autres exercices, car il n'était bien sûr pas question qu'elle devînt *naturelle*. Que de fois, n'y tenant plus, désespérant de la ramener á une conception réelle de sa valeur, je me suis presque enfui, quitte á la retrouver le lendemain telle qu'elle savait étre quand elle n'était pas, elle-même, désespérée, á me reprocher ma rigueur et á lui demander pardon ! A ces déplorables égards, il faut avouer toutefois qu'elle me ménageait de moins en moins, que cela finissait par ne pas aller sans discussions violentes qu'elle aggravait en leur prêtant des causes médiocres qui n'étaien pas. Tout ce qui fait qu'on peut vivre de la vie d'un étre, sans jamais désirer obtenir de lui plus que ce qu'il donne, qu'il est amplemen suffisant de le voir bouger ou se tenir immobile, parler ou se taire veiller ou dormir, de ma part n'existait pas non plus, n'avait jamais existé : ce n'était que trop sûr. Il ne pouvait guère en être autrement á considérer le monde qui était celui de Nadja, et où tout prenait s vite l'apparence de la montée et de la chute. Mais j'en juge a *poste riori* et je m'aventure en disant qu'il ne pouvait en être autrement

Quelque envie que j'en ai eue, quelque illusion peut-être aussi, je n'ai peut-être pas été á la hauteur de ce qu'elle me proposait. Mais que me proposait-elle ? N'importe. Seul l'amour au sens où je l'entends - mais alors le mystérieux, l'improbable, l'unique, le confondant et l'indubitable amour - tel enfin qu'il ne peut étre qu'à toute épreuve, eût pu permettre ici l'accomplissement du miracle.

On est venu, il y a quelques mois, m'apprendre que Nadja était folie. A la suite d'excentricités auxquelles elle s'était, paraît-il, livrée dans les couloirs de son hôtel, elle avait dû étre internée á l'asile de Vaucluse. D'autres que moi épilogueront très inutilement sur ce fait, qui ne manquera pas de leur apparaître comme l'issue fatale de tout ce qui précède. Les plus avertis s'empresseront de rechercher la part qu'il convient de faire, dans ce que j'ai rap- porté de Nadja, aux idées déjà délirantes et peut-être attribueront-ils á mon intervention dans sa vie, intervention pratiquement favorable au développement de ces idées, une valeur terriblement déterminante. Pour ce qui est de ceux du « Ah ! alors », du « Vous voyez bien », du « Je me disais aussi », du « Dans ces conditions », de tous les crétins de bas étage, il va sans dire que je préfère les laisser en paix. L'essentiel est que pour Nadja je ne pense pas qu'il puisse y avoir une extrême différence entre l'intérieur d'un asile et l'extérieur.

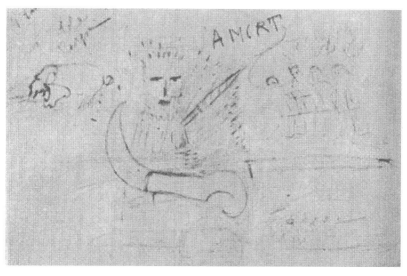

« L'âme du blé » (dessin de Nadja).

Il doit, hélas ! y avoir tout de même une différence, á cause du bruit agaçant d'une clef qu'on tourne dans une serrure, de la misérable vue de jardin, de l'aplomb des gens qui vous interrogent quand vous n'en voudriez pas pour cirer vos chaussures, comme le professeur Claude á Sainte- Anne, avec ce front ignare et cet air buté qui le caractérisent (« On vous veut du mal, n'est-ce pas ? - Non, monsieur. - Il ment, la semaine dernière il m'a dit qu'on lui voulait du mal » ou encore : « Vous entendez des voix, eh bien, est-ce que ce sont des voix comme la mienne ? - Non, monsieur. - Bon, il a des hallucinations auditives », etc.), de l'uniforme abject ni plus ni moins que tous les uniformes, de l'effort nécessaire, même, pour s'adapter á un tel milieu car c'est après tout un milieu et, comme tel, il exige dans une certaine mesure qu'on s'y adapte. Il ne faut jamais avoir pénétré dans un asile pour ne pas savoir qu'on y fait les fous tout comme dans les maisons de correction on fait les bandits. Est-il rien de plus odieux que ces appareils dits de conservation sociale qui, pour une peccadille, un premier manquement extérieur á la bienséance ou au sens commun, précipitent un sujet quelconque parmi d'autres sujets dont le côtoiement ne peut lui étre que néfaste et surtout le privent systématiquement de relations avec tous ceux dont le sens moral ou pratique est mieux assis que le sien ? Les journaux nous apprennent qu'au dernier congrès international de psychiatrie, dès la première séance, tous les délégués présents se sont mis d'accord pour flétrir la persistance de l'idée populaire qui veut qu'aujourd'hui encore on ne sorte guère plus aisément des asiles qu'autre- fois des couvents ; qu'y soient retenus á vie des gens qui n'ont jamais eu rien á y faire, ou qui n'ont plus rien á y faire ; que la sécurité publique ne soit pas aussi généralement en jeu qu'on le donne á croire. Et chacun des aliénistes de se récrier, de faire valoir un ou deux cas d'élargissement á son actif, de fournir surtout, á grand fracas, des exemples de cata- strophes occasionnées par le retour á la liberté mal entendu ou prématuré de certains grands malades. Leur responsabilité étant toujours plus ou moins engagée en pareille aventure, ils laissaient bien entendre que dans le doute ils préféraient s'abstenir.

Sous cette forme, pour- tant, la question me parait mal posée. L'atmosphère des asiles est telle qu'elle ne peut manquer d'exercer l'influence la plus débilitante, la plus pernicieuse, sur ceux qu'ils abritent, et cela dans le sens même où leur débilitation initiale les a conduits. Ceci, compliqué encore du fait que toute réclamation, toute protestation, tout mouvement d'intolérance n'aboutit qua vous faire taxer d'insociabilité (car, si paradoxal que ce soit, on vous demande encore dans ce domaine d'être sociable), ne sert qua la formation d'un nouveau symptôme contre vous, est de nature, non seulement á empêcher votre guérison si ailleurs elle devait survenir, mais encore á ne pas permettre que votre état demeure stationnaire et ne s'aggrave avec rapidité. De là ces évolutions si tragiquement promptes qu'on peut suivre dans les asiles et qui, bien souvent, ne doivent pas étre celles d'une seule maladie. Il y a lieu de dénoncer, en matière de maladies mentales, le processus de ce passage á peu près fatal de l'aigu au chronique. Etant donné l'enfance extraordinaire et tardive de la psychiatrie, on ne saurait á aucun degré parlé de cure réalisée dans ces conditions. Au reste, je pense que les aliénistes les plus consciencieux ne s'en soucient même pas. Il n'y a plus, au sens où l'on a coutume de l'entendre, d'internement arbitraire, soit, puisqu'un acte anormal prêtant á constatation objective et prenant un caractère délictueux dès lors qu'il est commis sur la voie publique, est á l'origine de ces détentions mille fois plus effroyables que les autres. Mais selon moi, tous les internements sont arbitraires. Je continué á ne pas voir pourquoi on priverait un être humain de liberté. Ils ont enfermé Sade ; ils ont enfermé Nietzsche ils ont enfermé Baudelaire. Le procédé qui consiste á venir vous surprendre la nuit, á vous passer la camisole de force ou de toute autre manière á vous maîtriser, vaut celui de la police, qui consiste á vous glisser un revolver dans la poche. Je sais que si j'étais fou, et depuis quelques jours interné, je profiterais d'une rémission que me laisserait mon délire pour assassiner avec froideur un de ceux, le médecin de préférence, qui me tomberaient sous la main. J'y gagnerais au moins de prendre place, comme les agités, dans un compariment seul. On me ficherait peut-être la paix.

Le mépris qu'en général je porte á la psychiatrie, á ses pompes et á ses œuvres, est tel que je n'ai pas encore osé m'enquérir de ce qu'il était advenu de Nadja[76]. J'ai dit pourquoi j'étais pessimiste sur son sort, en même temps que sur celui de quelques êtres de son espèce. Traitée dans une maison de santé particulière avec tous les égards qu'on doit aux riches, ne subissant aucune promiscuité qui pût lui nuire, mais au contraire réconfortée en temps opportun par des présences amies, satisfaite le plus possible dans ses goûts, ramenée insensiblement á un sens acceptable de la réalité, ce qui eût nécessité qu'on ne la brusquât en rien et qu'on prît la peine de la faire remonter elle-même á la naissance de son trouble, je m'avance peut-être, et pourtant tout me fait croire qu'elle fût sortie de ce mauvais pas. Mais Nadja était pauvre, ce qui au temps où nous vivons suffit á passer condamnation sur elle, dès qu'elle s'avise de ne pas être tout á fait en règle avec le code imbécile du bon sens et des bonnes mœurs. Elle était seule aussi : « C'est, par moments, terrible d'être seul á ce point. Je n'ai que vous pour amis », disait-elle á ma femme, au téléphone, la dernière fois. Elle était forte, enfin, et très faible, comme on peut l'être, de cette idée qui toujours avait été la sienne, mais dans laquelle je ne l'avais que trop entretenue, á laquelle je ne l'avais que trop aidée á donner le pas sur les autres : á savoir que la liberté, acquise ici-bas au prix de mille et des plus difficiles renoncements, demande á ce qu'on jouisse d'elle sans restrictions dans le temps où elle est donnée, sans considération pragmatique d'aucune sorte et cela parce que l'émancipation humaine, conçue en définitive sous sa forme révolutionnaire la plus simple, qui n'en est pas moins l'émancipation humaine *á tous égards*, entendons-nous bien *selon les moyens dont chacun dispose*, demeure la seule cause qu'il soit digne de servir. Nadja était faite pour la servir, ne fût-ce qu'en démontrant qu'il doit se fomenter autour de chaque être un complot très particulier qui n'existe pas seulement dans son imagination dont il conviendrait, au simple point de vue de la connaissance, de

---

[76] Ce qu'il était advenu de Nadja : elle mourra dans cet hôpital psychiatrique le 15 janvier 1941.

98

tenir compte, et aussi, mais beaucoup plus dangereusement, en passant la tête, puis un bras entre les barreaux ainsi écartés de la logique, c'est-á-dire de la plus haïssable des prisons. C'est dans la voie de cette dernière entreprise, peut-être, que j'eusse dû la retenir, mais il m'eût fallu tout d'abord prendre conscience du péril qu'elle courait. Or, je n'ai jamais supposé qu'elle pût perdre ou eût déjà perdu la faveur de cet instinct de conservation - auquel je me suis déjà référé - et qui fait qu'après tous mes amis et moi, par exemple, nous nous *tenons bien* - nous bornant á détourner la tête - sur le passage d'un drapeau, qu'en toute occasion nous ne prenons pas á partie qui bon nous semblerait, que nous ne nous donnons pas la joie sans pareille de commettre quelque beau « sacrilège », etc. Mémé si cela ne fait pas honneur á mon discernement, j'avoue qu'il ne me paraissait pas exorbitant, entre autres choses, qu'il arrivât á Nadja de me communiquer un papier signé « Henri Becque[77] » dans lequel celui-ci lui donnait des conseils. Si ces conseils m'étaient défavorables, je me bornais á répondre : « Il est impossible que Becque, qui était un homme intelligent, t'ait dit cela. » Mais je comprenais fort bien, puisqu'elle était attirée par le buste de Becque, place Villiers, et qu'elle aimait l'expression de son visage, qu'elle tînt et qu'elle parvînt, sur certains sujets, á avoir son avis. Il n'y a là, á tout le moins, rien de plus déraisonnable que d'interroger sur ce qu'on doit faire un saint ou une divinité quelconque. Les lettres de Nadja, que je lisais de l'œil dont je lis toutes sortes de textes poétiques, ne pouvaient non plus présenter pour moi rien d'alarmant. Je n'ajouterai, pour ma défense, que quelques mots. L'absence bien connue de frontière entre la *non-folie* et la folie ne me dispose pas á accordé une valeur différente aux perceptions et aux idées qui sont le fait de l'une ou de l'autre. Il est des sophismes infiniment plus significatifs et plus lourds de portée que les vérités les moins contestables : les évoquer en tant que sophismes est á la fois dépourvu de grandeur et d'intérêt. Si sophismes c'étaient, du moins c'est á eux que je dois l'avoir pu me jeter á moi-même, á celui qui du plus loin vient á la

---

[7] Henri Becque (1837-1899) : auteur de pièces de théâtre réalistes.

rencontre de moi-même, le cri, toujours pathétique, de « Qui vive ? ». Qui vive ? Est-ce vous, Nadja ? Est-il vrai que l'au-delà, tout *l'au-delà* soit dans cette vie ? Je ne vous entends pas. Qui vive ? Est-ce moi seul ? Est-ce moi-même ?

(Photo André Bouin, 1962)

Le buste de Becque, place Villiers...

J'envie (c'est une façon de parler) tout homme qui a le temps de préparer quelque chose comme un livre, qui, en étant venu á bout, trouve le moyen de s'intéresser au sort de cette chose ou au sort qu'après tout cette chose lui fait. Que ne me laisse-t-il croire que chemin faisant s'est présentée á lui au moins une véritable occasion d'y renoncer ! Il aurait passé outre et l'on pourrait espérer qu'il nous fît l'honneur de dire pourquoi. Par ce que je puis étre tenté d'entreprendre de longue haleine, je suis trop sûr de démériter de la vie telle que je l'aime et qu'elle s'offre : de la vie á perdre haleine. Les espacements brusques des mots dans une phrase même imprimée, le trait qu'on jette en parlant au bas d'un certain nombre de propositions dont il ne saurait s'agir de faire la somme, l'élision complètc des événements qui, d'un jour á l'autre ou á quelque autre, bouleversent de fond en comble les données d'un problème dont on a cru pouvoir faire attendre la solution, l'indéterminable coefficient affectif dont se la solution, l'indéterminable coefficient affectif dont se chargent et se déchargent le long du temps les idées les plus lointaines qu'on songe á émettre aussi bien que les plus concrets des souvenirs, font que je n'ai plus le cœur de me pencher que sur l'intervalle qui sépare ces dernières lignes de celles qui, á feuilleter ce livre, paraîtraient deux pages plus tôt venir de finir* . Intervalle très court, négligeable pour un lecteur pressé et même un autre mais, il me faut bien dire, démesuré et d'un prix inappréciable pour moi. Comment pourrais-je me faire entendre ? Si je relisais cette histoire, de l'œil patient et en quelque sorte désintéressé que je serais sûr d'avoir, je ne sais guère, pour étre fidèle á mon sentiment présent de moi-même, ce que j'en laisserais subsister. Je ne tiens pas á le savoir. Je préfère penser que de la fin d'août, date de son interruption, á la fin décembre, où cette histoire, me trouvant plié sous le poids d'une émotion intéressant, cette fois, le cœur plus encore que l'esprit, se détache de moi quitte á me laisser frémissant, j'ai vécu mal ou bien - comme on peut vivre - des meilleurs espoirs qu'elle préservait puis, me croira qui veut, de la réalisation même, de la réalisation intégrale, oui de l'invraisemblable réalisation de ces espoirs. C'est pourquoi la voix qui y passe me semble encore humainement pouvoir s'élever, pourquoi je ne répudie pas quelques rares accents que j'y ai mis. Alors que Nadja, la personne de Nadja est si loin... Ainsi que quelques autres. Et qu'apporté, qui sait, repris déjà par la Merveille, la Merveille en qui de la première á la dernière page de ce livre ma foi n'aura du moins pas changé, tinte á mon oreille un nom qui n'est plus le sien.

* Ainsi, j'observais par désœuvrement naguère, sur le quai du Vieux-Port, á Marseille, peu avant la chute du jour, un peintre étrangement scrupuleux lutter d'adresse et de rapidité sur sa toile avec la lumière déclinante. La tache correspondant á celle du soleil descendait peu á peu avec le soleil. En fin de compte il n'en resta rien. Le peintre se trouva soudain très en retard. Il fit disparaitre le rouge d'un mur, chassa une ou deux lueurs qui restaient sur l'eau. Son tableau, fini pour lui et pour moi le plus inachevé du monde, me parut très triste et très beau. (N. d. A.)

(Photo Henri Manuel)

J'envie (c'est une façon de parler) tout homme qui a le temps de préparer quelque chose comme un livre...

J'ai commencé par revoir plusieurs des lieux auxquels il arrive á ce récit de conduire ; je tenais, en effet, tout comme de quelques personnes et de quelques objets, á en donner une image photographique qui fût prise sous l'angle spécial dont je les avais moi-même considérés. Á cette occasion, j'ai constaté qu'á quelques exceptions près ils se défendaient plus ou moins contre mon entreprise, de sorte que la partie illustrée de *Nadja* fût, á mon gré, insuffisante : Becque entouré de palissades sinistres, la direction du Théâtre Moderne sur ses gardes, Pourville morte et désillusionnante comme aucune ville de France, la disparition de presque tout ce qui se rapporte á *L 'Etreinte de la Pieuvre*, et surtout, j'y tenais essentiellement bien qu'il n'en ait pas été autrement question dans ce livre, l'impossibilité d'obtenir l'autorisation de photographier l'adorable leurre qu'est, au musée Grévin, cette femme feignant de se dérober dans l'ombre pour attacher sa jarretelle et qui, dans sa pose immuable, est la seule statue que je sache á avoir des yeux: ceux mêmes de la provocation *.

(Photo Pablo Voita, 1959)

Au musée Grévin...

* Il ne m'avait pas été donné de dégager jusqu'à ce jour tout ce qui, dans 1 attitude de Nadja á mon égard, relève de l'application d'un principe de subversion totale, plus ou moins conscient, dont je ne retiendrai pour exemple que ce fait : un soir que je conduisais une automobile sur la route de Versailles á Paris, une femme á mon côté qui était Nadja, mais qui eût pu, n'est-ce pas, être toute autre, et même *telle autre*, son pied maintenant le mien pressé sur l'accélérateur, ses mains cherchant á se poser sur mes yeux, dans l'oubli que procure un baiser sans fin, voulait que nous n'existassions plus, sans doute á tout jamais, que l'un pour l'autre, qu'ainsi á toute allure nous nous portassions á la rencontre des beaux arbres. Quelle épreuve pour l'amour, en effet. Inutile d'ajouter que je n'accédai pas á ce désir. On sait où j'en étais alors, où, á ma connaissance, j'en ai presque toujours été avec Nadja. Je ne lui sais pas moins gré de m'avoir révélé, de façon terriblement saisissante, á quoi une reconnaissance commune de l'amour nous eût engagés á ce moment. Je me sens de moins en moins capable de résister á pareille tentation dans tous les cas. Je ne puis moins faire qu'en rendre grâces, dans ce dernier souvenir, á celle qui m'en a fait comprendre presque la nécessité. C'est á une puissance extrême de défi que certains êtres très rares qui peuvent les uns des autres tout attendre et tout craindre se reconnaitront toujours. Idéalement au moins je me retrouve souvent, les yeux bandés, au volant de cette voiture sauvage. Mes amis, de même qu'ils sont ceux chez lesquels je suis sûr de trouver refuge quand ma tête vaudrait son pesant d'or, et qu'ils courraient un risque immense á me cacher, - ils me sont redevables seulement de cet espoir tragique que je mets en eux, - de même, en matière d'amour, il ne saurait être question pour moi que, dans toutes les conditions requises, de reprendre cette promenade nocturne. (N. d. A.)

Tandis que le boulevard Bonne-Nouvelle, après avoir, malheureusement en mon absence de Paris, lors des magnifiques journées de pillage dites « Sacco-Vanzetti[78] » semblé répondre á l'attente qui fut la mienne, en se désignant vraiment comme un des grands points stratégiques que je cherche en matière de désordre et sur lesquels je persiste á croire que me sont fournis obscurément des repères, - á moi comme á tous ceux qui cèdent de préférence á des instances semblables, pourvu que le sens le plus absolu de l'amour ou de la révolution soit en jeu et entraîne la négation de tout le reste - ; tandis que le boulevard Bonne-Nouvelle, les façades de ses cinémas repeintes, s'est depuis lors immobilisé pour moi comme si la Porte Saint- Denis venait de se fermer, j'ai vu renaître et á nouveau mourir le Théâtre des Deux-Masques, qui n'était plus que le Théâtre du Masque et qui, toujours rué Fontaine, n'était plus qua mi-distance

---

[78] Sacco et Vanzetti. Anarchistes italiens condamnés á mort aux Etats-Unis. Le jour de leur exécution, le 23 août 1927, des émeutes ont éclaté á Paris. Aragón a consacré un poème á cette journée dans Le Roman inachevé.

de chez moi. Etc. C'est drôle comme disait cet abominable jardinier[79]. Mais ainsi en va, n'est-ce pas, du monde extérieur, cette histoire á dormir debout. Ainsi fait le temps, un temps á ne pas mettre un chien dehors.

(Photo Valentine Hugo)

Une vaste plaque indicatrice bleu ciel...

[9] Cet abominable jardinier: il s'agit d'un des personnages de la pièce Les Détraquées

Ce n'est pas moi qui méditerai sur ce qu'il advient de « la forme d'une ville[80] », même de la vraie ville distraite et abstraite de celle que j'habite par la forcé d'un élément qui serait á ma pensée ce que l'air passe pour étre á la vie. Sans aucun regret, á cette heure je la vois devenir autre et même fuir. Elle glisse, elle brûle, elle sombre dans le frisson d'herbes folies de ses barricades, dans le rêve des rideaux de ses chambres où un homme et une femme continueront indifféremment á s'aimer. Je laisse á l'état d'ébauche ce paysage mental, dont les limites me découragent, en dépit de son étonnant prolongement du côté d'Avignon, où le Palais des Papes n'a pas souffert des soirs d'hiver et des pluies battantes, où un vieux pont a fini par céder sous une chanson enfantine, où une main merveilleuse et intrahissable m'a désigné il n'y a pas encore assez longtemps une vaste plaque indicatrice bleu ciel portant ces mots : LES AUBES. En dépit de ce prolongement et de tous les autres, qui me servent á planter une étoile au cœur même du *fini*. Je devine et cela n'est pas plus tôt établi que j'ai déjà deviné. N'empêche que s'il faut attendre, s'il faut vouloir être sûr, s'il faut prendre des précautions, s'il faut faire au feu la part du feu, et seulement la part, je m'y refuse absolument. Que la grande inconscience vive et sonore qui m'inspire mes seuls actes probants dispose á tout jamais de tout ce qui est moi. Je m'ôte á plaisir toute chance de lui reprendre ce qu'ici à nouveau je lui donne. Je ne veux encore une fois reconnaître qu'elle je veux ne compter que sur elle et presque á loisir parcourir ses jetées immenses, fixant moi-même un point brillant que je sais étre dans mon œil et qui m'épargne de me heurter á ses ballots de nuit.

On m'a conté naguère un si stupide, un si sombre, un si émouvant histoire. Un monsieur se présente un jour dans un hôtel et demande á louer une chambre. Ce sera le numéro 35. En descendant quelques minutes plus tard, et tout en remettant la clef au bureau : « Excusez-moi, dit-il, je n'ai aucune mémoire. Si vous permettez

---

[80] «La forme d'une ville» : dans « Le cygne » (Les Fleurs du Mal), Baudelaire écrivait : « La forme d'une ville / change plus vite, hélas, que le cœur d'un mortel. »

chaque fois que je rentrerai, je vous dirai mon nom : Monsieur Delouit*. Et chaque fois vous me répéterez le numéro de ma chambre. - Bien, monsieur. » Très peu de temps après il revient, entrouvre la porte du bureau : « Monsieur Delouit. - C'est le numéro 35. - Merci. » Une minute plus tard, un homme extraordinairement agité, les vêtements couverts de boue, ensanglanté et n'ayant presque plus figure humaine, s'adresse au bureau : « Monsieur Delouit. - Comment, M. Delouit ? Il ne faut pas nous la faire.

* J'ignore l'orthographe de ce nom. (N. d. A.)

M. Delouit vient de monter. - Pardon, c'est moi... Je viens de tomber par la fenêtre. Le numéro de ma chambre, s'il vous plaît ? »

C'est cette histoire que, moi aussi, j'ai obéi au désir de te conter, alors que je te connaissais á peine, toi qui ne peux plus te souvenir, mais qui ayant, comme par hasard, eu connaissance du début de ce livre, es intervenue si opportunément, si violemment et si efficacement auprès de moi sans doute pour me rappeler que je le voulais « battant comme une porte » et que par cette porte je ne verrais sans doute jamais entrer que toi. Entrer et sortir que toi. Toi qui de tout ce qu'ici j'ai dit n'auras reçu qu'un peu de pluie sur ta main levée vers «LES AUBES ». Toi qui me fais tant regretter d'avoir écrit cette phrase absurde et irrétractable sur l'amour, le seul amour, « tel qu'il ne peut étre qu'à toute épreuve ». Toi qui, pour tous ceux qui n'écoutent, ne dois pas être une entité mais une femme, toi qui n'es rien tant qu'une femme, malgré tout ce qui m'en a imposé et m'en impose en toi pour que tu sois la Chimère. Toi qui fais admirablement tout ce que tu fais et dont les raisons splendides, sans confiner pour moi á la déraison, rayonnent et tombent mor- tellement comme le tonnerre. Toi la créature la plus vivante, qui ne parais avoir été mise sur mon chemin que pour que j'éprouve dans toute sa rigueur la forcé de ce qui n'est pas éprouvé en toi. Toi qui ne connais le mal que par oui- dire. Toi, bien sûr, idéalement belle. Toi que tout ramène au point du jour et que par cela même je ne reverrai peut-être plus...

Que ferais-je sans toi de cet amour du génie que je me suis toujours connu, au nom duquel je n'ai pu moins faire que tenter quelques reconnaissances çà et là ? Le génie, je me flatte de savoir où il est, presque en quoi il consiste et je le tenais pour capable de se concilier toutes les autres grandes ardeurs. Je crois aveuglément á ton génie. Ce n'est pas sans tristesse que je retire ce mot, s'il t'étonne. Mais je veux alors le bannir tout á fait. Le génie... que pourrais-je encore bien attendre des quelques possibles intercesseurs qui me sont apparus sous ce signe et que j'ai cessé d'avoir auprès de toi !

Sans le faire exprès, tu t'es substituée aux formes qui m'étaient les plus familières, ainsi qu'a plusieurs figures de mon pressentiment. Nadja était de ces dernières, et il est parfait que tu me l'aies cachée

Tout ce que je sais est que cette substitution de personnes s'arrête á toi, parce que rien ne test substituable, et que pour moi c'était de toute éternité devant toi que devait prendre fin cette succession d'énigmes.

Tu n'es pas une énigme pour moi.

Je dis que tu me détournes pour toujours de l'énigme.

Puisque tu existes, comme toi seule sais exister, il n'était peut-être pas très nécessaire que ce livre existât. J'ai cru pouvoir en décider autre- ment, en souvenir de la conclusion que je voulais lui donner avant de te connaître et que ton irruption dans ma vie n'a pas á mes yeux rendue vaine. Cette conclusion ne prend même son vrai sens et toute sa forcé qu'à travers toi.

Elle me sourit comme parfois tu m'as souri, derrière de grands buissons de larmes. « C'est encore l'amour », disais-tu, et plus injustement il test arrivé de dire aussi : « Tout ou rien[81]. »

---

[81] « Tout ou rien» : Suzanne Musard aurait demandé á Breton de quitter sa femme.

Je ne contredirai jamais á cette formule, dont s'est armée une fois pour toutes la passion, en se portant á la défense du monde contre lui-même. Au plus m'aviserais-je de l'interroger sur la nature de ce « tout », si, á ce sujet, pour étre la passion, il ne fallait pas qu'elle fût hors d'état de m'entendre. Ses mouvements divers, même dans la mesure où j'en suis victime, - et qu'elle soit jamais capable ou non de m'ôter la parole, de me retirer le droit á l'existence, - comment m'arracheraient-ils tout entier á l'orgueil de la connaître, á l'humilité absolue que je me veux devant elle et devant elle seule ? Je n'en appelle- rai pas de ses arrêts les plus mystérieux, les plus durs. Autant vouloir arrêter le cours du monde, en vertu de je ne sais quelle puissance illusoire qu'elle donne sur lui. Autant nier que « chacun veut et croit étre meilleur que ce monde qui est sien, mais [que] celui qui est meilleur ne fait qu'exprimer mieux que d'autres ce monde même* ».

Une certaine attitude en découle nécessaire- ment á l'égard de la beauté, dont il est trop clair qu'elle n'a jamais été envisagée ici qua des fins passionnelles. Nullement statique, c'est-á-dire enfermée dans son « rêve de pierre[82] », perdue pour l'homme dans l'ombre de ces Odalisques[83], au fond de ces tragédies qui ne pré- tendent cerner qu'un seul jour, á peine moins dynamique, c'est-á-dire soumise á ce galop effréné après lequel n'a plus qu'à commencer effréné un autre galop, c'est-á-dire plus étourdie qu'un flocon dans la neige, c'est-á-dire résolue, de peur d'être mal étreinte, á ne se laisser jamais embrasser : ni dynamique ni statique, la beauté je la vois comme je t'ai vue. Comme j'ai vu ce qui, á l'heure dite et pour un temps dit, dont j'espère et de toute mon âme je crois qu'il se laissera redire, t'accordait á moi. Elle est comme un train qui bondit sans cesse dans la gare de Lyon et dont je sais qu'il ne va jamais partir, qu'il n'est pas

---

[82] «Rêve de pierre» : Breton fait encore allusion ici á un poème de Baudelaire, « La beauté ». Cette définition de la beauté comme rêve de pierre, éternelle et statique, trouvant son modèle dans la sculpture antique, est révélatrice d'une conception classique que Breton refuse ici.

[83] Odalisques : femmes qui font partie d'un sérail et sont souvent représentées dans la peinture du XIXe siécle (Ingres, par exemple, a peint La Grande Odalisque).

parti. Elle est faite de sac- cades, dont beaucoup n'ont guère d'importance, mais que nous savons destinées á amener une Saccade, qui en a. Qui a toute l'importance que je ne voudrais me donner. L'esprit s'arroge un peu partout des droits qu'il n'a pas. La beauté, ni dynamique ni statique. Le cœur humain, beau comme un sismographe. Royauté du silence... Un journal du matin suffira toujours á me donner de mes nouvelles :

« X..., 26 décembre. — L'opérateur chargé de la station de télégraphie sans fil située á l'ile du Sable, a capté un fragment de message qui aurait été lancé dimanche soir á telle heure par le... Le message disait notamment : "Il y a quelque chose qui ne va pas" mais il n'indiquait pas la position de 1'avión á ce moment, et, par suite de très mauvaises conditions atmosphériques et des interférences qui se produisaient, l'opérateur n'a pu comprendre aucune autre phrase, ni entrer de nouveau en communication.

« Le message était transmis sur une longueur d'onde de 625 mètres ; d'autre part, étant donné la forcé de réception, l'opérateur a cru pouvoir localiser 1'avión dans un rayon de 80 kilomètres autour de l'ile du Sable[84]. »

La beauté sera CONVULSIVE OU ne sera pas.

* Hegel

---

[84] Il s'agit d'un véritable article de presse paru le 27 décembre 1927. La démarche de Breton qui consiste á voir dans cet article un texte qui, pour lui, a valeur d'oracle, est révélatrice de ce qu'i appelle le hasard objectif (cf. « Thématique »).

Made in the USA
Coppell, TX
27 September 2022

83701084R10061